KB237629

영국성공회 선교사의 눈에 비친

한국인의 신앙과 풍속

The English Church Mission in Corea:

Its Faith and Practice.

With a Preface by
THE RIGHT REV. BISHOP CORFE, D.D.
First Bishop in Corea).

ILLUSTRATED

A. R. MOWBRAY & Co., Ltd.,
LONDON: 28 Margaret Street, Oxford Circus, W. 1
OXFORD: 9 High Street.
MILWAUKEE, U.S.A.: The Young Churchman Co.
1917

019
그들이 본 우리
Korean Heritage Books

영국성공회 선교사의 눈에 비친

한국인의 신앙과 풍속

세실 허지스 외 지음
안교성 옮김

살림

일러두기

본 번역본에 나오는 모든 각주는 역주이다. 원주는 책 전체를 통하여 얼마 되지 않으며,
본 번역본에서는 본문 안에 삽입했다.

'그들이 본 우리' ― 상호 교류와 소통을 위한 실측 작업

우리는 개화기 이후 일방적으로 서구문화를 수용해왔습니다. 지금 세계는 문화의 일방적 흐름이 극복되고 다문화주의가 자리 잡는 등 세계화라는 다른 물결 속에 있습니다. 이제 우리가 주체적으로 우리의 문화를 타자에게 소개함에 있어 진정한 의미에서의 상호 소통을 통한 상호 이해가 필요함은 주지의 사실입니다. 그리고 타자와 소통하기 위한 첫걸음은 그들의 시선에 비친 자신의 모습에 대한 진지한 탐색입니다. 번역은 바로 상호 교류를 통해 자신의 정체성을 확보하기 위한 작업이며, 이는 당대의 문화공동체, 국가공동체 경영을 위해 중요한 과제 중의 하나입니다. 우리가 타자에게 한 걸음 다가가기 위해서는 타자와 우리의 거리를 정확히 인식하여 우리의 보폭을 조절해야 합니다. 그런 의미에서 서구가 바라보았던 우리 근대의 모습을 '번역'을 통해 되새기는 것은 서로의 거리감을 확인하면서 동시에 서로에게 다가가기 위한 과정입니다.

한국문학번역원이 발간해 온 〈그들이 본 우리〉 총서는 바로 교류와 소통의 집을 짓기 위한 실측 작업입니다. 이 총서에는 서양인이 우리를 인식하고 표현하기 시작한 16세기부터 20세기 중엽까지의 우리의 모습이 그들의 '렌즈'에 포착되어 기록되어 있습니다. 그들이 묘사한 우리의 모습을 지금 다시 읽는다는 것에는 이중의 의미가 있습니다. 우선 우리는 그들이 묘사한 우리의 근대화 과정을 통해 과거의 우리를 확인할 수 있습니다. 하지만 이 작업은 다른 면에서 지금의 우리가 과거의 우리를 바라보는 깨어 있는 시선에 대한 요청이기도 합니다. 지금의 우리와 지난 우리의 거리를 간파할 때, 우리가 서 있는 현재의 입지에 대한 자각이 생긴다고 할 수 있습니다. 이런 의미에서 이 총서는 시간상으로 과거와 현재, 공간상으로 이곳과 그곳의 자리를 이어주는 매개물입니다.

이 총서를 통해 소개되는 도서는 명지대-LG연암문고가 수집한 만여 점의 고서 및 문서, 사진 등에서 엄선되었습니다. 한국문학번역원은 2005년 전문가들로 도서선정위원회를 구성하고 많은 논의를 거쳐 상호 이해에 기여할 서양 고서들을 선별하였으며, 이제 소중한 자료들이 번역을 통해 일반인들에게 다가감으로써 우리의 문화와 학문의 지평을 넓혀줄 것으로 기대합니다. 한국문학번역원은 이 총서의 발간을 통해 정체성 확립과 세계화 구축을 동시에 이루고자 합니다. 우리 문학을 알리고 전파하는 일을 핵심으로 하는 한국문학번역원은 이제 외부의 시선을 포용함으로써 상호 이해와 소통이 현실적으로 가능하도록 더욱 노력하겠습니다.

끝으로 이 총서가 세상에 나오게 힘써주신 여러분들께 감사드립니다. 특히 명지학원 유영구 이사장님과 명지대-LG연암문고 관계자들, 도서 선정에 참여하신 명지대 정성화 교수님을 비롯한 여러 선생님들, 번역자 여러분들, 그리고 출판을 맡은 살림출판사에 감사드립니다.

2009년 5월
한국문학번역원장 김주연

　본서에는 한국에서 사역한 우리 선교사들의 일상생활이 생생하게 기록되어 있다.[1] 본서는 트롤로프(M. N. Trollope) 주교[2]가 저술한 경탄할 만한 연구 논문인 『한국의 교회』의 자매편으로 발간되었다.

　짐작건대, 이제 재한선교부의 초기 시절에 벌어졌던 사건들을 다룰 서적은 더 이상 출간될 것 같지 않다. 와일스 박사, 랜디스

---

[1] 본서가 발간된 1917년 당시, 한국은 일본의 식민지로 조선이라고 불렸다. 그러나 영국성공회 재한선교부가 사역을 시작한 1890년 이래 한국은 국명이 조선(1392~1897), 대한제국(1897~1910), 조선(1910~1945), 대한민국(1945~　) 등으로 계속해서 변천했다. 따라서 이 번역본에서는 통칭으로 한국이 사용된다. 같은 맥락에서 한국인, 한국어 같은 용어가 사용된다.

[2] 대한성공회 제3대 주교(한국명 조마가)이다. 그는 초대주교인 코르프 주교와 함께 1890년 한국에 입국한 사제 선교사로 후에 제3대 주교가 된다. 트롤로프에 관해서는 콘스탄스 트롤로프(Constance Trollope)가 쓴 『마크 네피어 트롤로프: 한국 주교, 1911~1930(*Mark Napier Trollope: Bishop in Corea, 1911~1930*)』이 있다.

박사,[3] 발독 박사 및 그밖의 인물들의 이름도 머잖아 단순한 명칭에 불과하게 되고 말 것이다. 그들의 헌신적이고 다방면에 걸친 노고들도 잊혀지고 말 것이다. 성 누가 병원(S. Luke Hospital)[4]은 (영국성공회 재한선교부에 의해) 한국에 최초로 세워진 병원인데, 랜디스 박사가 1890년 한국에 도착한 지 수주 만에 제물포에 설립하였다.[5] 그 병원의 체계는—굳이 병원의 체계라고 부를 만한 것이 있다고 한다면—서울에 주재하던 와일스 박사가 주로 세웠다. 한국에 거주하는 일본인을 위한 사역은 1891년 랜디스 박사가 시작하였다. 이 사역은 랜디스 박사가 80여 명의 일본인 및 중국인 청년들을 대상으로 영어를 가르쳤던 야간학교에서 비롯되었다. 성

---

3 한국명 남득시.

4 랜디스가 한국명으로 낙선시병원(樂善施病院)이라고 작명하였다. 이재정 『대한성공회백년사』, 서울: 대한성공회출판부, 1990, 45쪽.

5 제물포는 오늘날의 인천이다. 한국의 선교 역사에서 최초로 세워진 (선교)병원은 제중원이며, 이 병원은 1884년 한국에 최초의 거주선교사로 부임한 미국 북장로교 선교부 소속 의료선교사 앨런(Horace N. Allen) 박사가 입국한 지 1년 후인 1885년 서울에 당시 조선왕조의 후원을 받아 설립하였다. 제중원이 정부와의 합자병원이었기 때문에 제중원이 과연 본격적인 선교병원이냐 하는 병원의 성격에 대한 논의가 있고, 따라서 선교병원의 기원에 대해서도 이론이 있다. 여하튼 미국 북감리교 선교부 소속 선교사인 스크랜튼(William B. Scranton)도 1885년 5월에 입국한 뒤 잠시 제중원에서 일을 하다가 한 달 만인 6월에 정동에 감리교 병원을 열 준비에 착수했다. 따라서 다양한 의료선교가 시도되었다. 이것들에 대한 자세한 내용을 알려면 다음의 책을 볼 것. 연세의료원 120년사편찬위원회 『인술, 봉사, 그리고 개척과 도전의 120년: 한국의 현대의학 도입과 세브란스(1885~1945)』, 서울: 연세의료원, 2005; 이만열 『한국기독교의료사』, 서울: 아카넷, 2003; 설대위 『꺼지지 않는 사랑의 불씨: 예수병원 100년사』, 전주: 예수병원, 1998.

미가엘 교회(S. Michael Church)에는 여러 가지 언어를 사용하는 다민족들이 함께 모여 회중을 이뤘는데, 처음에는 주교가 집전을 하다가 나중에는 주교 부속사제(Chaplain)가 집전을 하였다.(원주: 한국에 세워진 최초의 교회는 '성 미가엘과 모든 천신교회'로 코르프 주교가 설계하였고, 1892년 '모든 성인의·날'에 봉헌한 작은 벽돌 건물이었다.)[6] 회중들 가운데 로마자 일본어로 인쇄된 일본어 기도서를 읽으면서 그 내용을 이해하지 못했던 사람은 집례자뿐이었다.[7] 마지막으로 (기억나는 것은) 수녀들이 1892년에 한국에 도착하여 병원에서 간호를 맡게 되었는데, 이로 인하여 큰 물의를 빚었다. 여자의 몸으로 가족도 아닌 다른 남정네를 간호하다니! 이것은 당시 한국인들에게는 전혀 낯설고도 혐오스러운 일이었다. 이상과 같은 모든 일들에 대한 기억이 지금 내 눈앞에 생생하다.

그때는 성경이나 기도서가 필요하면 우리가 직접 마련해야 했다. 그래서 학교에 가서 어린이들이 사용하는 중국어 및 한국어 기초교본을 공부해야만 했다. 1895년 우리가 번역한 최초의 번

---

6 이 교회는 오늘날의 인천 내동교회로 원래 건물은 한국전쟁 때 불타 1956년 재봉헌하였다. 첫 번째 교회가 봉헌된 날이 '성 미가엘과 모든 천신 축일'인데, 이것을 성공회에서는 '모든 성인의 날'이라고 부른다. 성 미가엘은 표기에 따라 성 미카엘이라고도 부른다.
7 초기 선교사를 포함하여 서양인들은 일본어를 쉽게 익히기 위하여 일본 글자인 가나가 아닌 로마자를 전사하여 일본어로 사용한 적이 있다. 이것을 로마자 일본어(Romaji)라고 한다.

역물이 출간되었다.(원주: 이 최초의 번역물은 신약성경 가운데 400절을 발췌하여 한자와 한글로 직역한 것이었다. 이것을 영어로 재번역한 번역물은 기독교이해증진협회 출판사에서 정가 6펜스로 출간하였다.)[8] 우리 모두가 이 일에 참여했었는데, 나는 우리들 가운데 가장 실력이 출중한 학자였던 트롤로프를 개정위원으로 임명하였다. 내가 1904년 한국을 떠나기 전에 기도서의 대부분, 신약성경 전체, 구약성경 가운데 상당 부분이 번역 완료되었다.

코르프 주교 D. D.[9]

---

8 이것은 『조만민광(眺萬民光)』이라고 부른다. 기독교이해증진협회(SPCK)는 성공회 내에서 가장 오래된 선교회로 1698년 기독교 문서선교를 목적으로 설립되었다. 이 기관 역시 초기에는 영국 식민지 위주로 사역하다가 전 세계로 사역지를 넓혔다. 2003년에는 피드 더 마인드(Feed The Minds)라는 유사 목적의 기관과 합병하였다.

9 코르프(Charles John Corfe, 한국명 고요한) 주교는 대한성공회의 초대주교이다. 성공회 내에서는 그의 이름을 한글로 표시할 때 '코르프'보다는 '코프'를 선호하는 경향이 더 크다. 그러나 일반적으로는 코르프를 사용하기에 이 번역본에서도 코르프로 했다. 이외에 대부분의 인명, 지명의 표기는 성공회의 관례를 따랐다. 다만 성공회 내에서도 용어상의 충돌이 있고, 일반 독자에게 너무 낯선 용어는 쉬운 용어를 택하고 각주에 설명을 더했다. 그리고 D.D.(Doctor of Divinity)는 덕망 있는 목회자에게 주어지는 일종의 명예 신학 박사 학위이다. 그러나 당시 선교사들의 공적을 기리고, 그들에게 박사 학위를 주기 위하여 이 학위를 사용한 경우도 있다. 한국에 온 선교사들 가운데에도 이 학위를 받은 사람들이 많다. 그리고 본 번역본에서 선교사의 한국명이 있을 때는 가능한 한 여러 자료를 참조하여 밝혔지만, 완벽을 기할 수는 없었다. 모든 선교사들이 한국명을 지녔는지가 불분명하고, 설령 그럴 경우라도 재한선교사 전원의 명단이 아직까지 완벽하게 작성되어 있지 않아 연구에 한계가 있었다. 기존의 연구 결과에 대해서는 다음 책을 볼 것. 김승태, 박혜진 편 『내한선교사총람 1884~1984』, 서울: 한국기독교역사연구소, 1994.

차례

제 1 장
전도사역

-세실 허지스[10]

세 개의 강력한 제국이 한 국가를 놓고 대치 중이다.[11] 이 국가는 지정학적 위치로 말미암아 최근에 당혹스러우리만큼 엄청난 변화를 겪었다. 이 국가를 선박에 비유해보자. 그 선박은 그동안 유구한 전통이라고 하는 배수—대양 뒤편 후미진 곳에 있는 잔잔한 바다—에 외따로 정박해 있었다. 그러다가 강제로 끌려나와 근대 문명이라고 하는 조류 속으로 내몰렸다. 조류는 급하게 흘렀고, 폭풍우가 일더니 거세게 몰아쳤다. 구식 선박은 이같은 조류와 폭풍우를 도저히 맞설 수가 없어서 이리저리 내팽개쳐지다가 마침내

10 영국성공회 신부. 한국명 허세실.
11 당시 중국, 일본, 러시아가 한국에 영향력을 미치기 위하여 각축전을 벌였다.

자기 선장과 선원이 아닌 다른 사람들의 손을 빌려 겨우 정박하게 되었다. 그리고 이제 이러한 다른 사람들의 손에 의해 재건 중이다. 이것이 바로 코리아, 조선, 혹은 은둔의 왕국[12]이라고 불리는 국가에 대한 비유이다. 한국은 중국, 일본, 러시아의 압력에 의해서 열강들의 삶 한가운데로 내던져졌고, 이제는 일본 제국의 일부가 되고 말았다. 한국인들은 이미 국가의 독립을 잃어버렸고, 지나온 과거로 말미암아 근대적인 생활 여건을 갖추기에 적합하지 못한 상태에 처했다. 그렇기에 뭔가 영감이나 미래에 대한 멋진 희망, 혹은 국가와 개인에 대한 자긍심을 절실히 필요로 하고 있다. 교회가 그들에게 그들이 필요로 하는 바를 줄 수 있는 능력, 나아가 의무를 지니고 있다는 사실을 기독교인이라면 그 누가 의심할 수 있겠는가? 오늘날 한국은 재구성되고 있으며, 진정으로 새사람과 새 나라를 만드는 이는 바로 그리스도이시다.

시작. 기독교가 정착된 지 이미 수세기가 지난 나라에서 자국민들 가운데 살고 있는 사람들은 선교부가 낯선 비기독교 국가에서

---

12 이 명칭은 그리피스(William E. Griffis)가 쓴 『코리아, 은둔의 왕국』(Corea, The Hermit Kingdom)』(London: W. H. Allen, 1882)에서 유래된 것으로, 당시 쇄국정책을 쓰던 한국을 비유한 표현으로 이후 회자되었다. 이 책은 한국사 연구에 중요한 전거로 인용되어왔으나 2차 자료에 근거한 책으로 내용의 신뢰도나 저자의 시각이 문제시되기도 한다.

교회를 세우고자 애쓸 때, 과연 어떤 처지에 놓이게 되는지를 깨닫기란 거의 불가능하다. 과연 기독교의 예배 장소가 없는 영국, 그리스도와 그리스도 안에 계시된 하느님의 이름[13]이 알려지지 않은 영국을 상상할 수 있을까? 과연 국가의 사상과 행동에 깊이 스며든 기독교의 사상과 전통이 없는 영국을 상상할 수 있을까? 비록 많은 사람들이 기독교 신앙을 모르고 기독교 신앙에서 멀어져 있지만, 여전히 영국에는 기독교의 사상과 전통이 깊이 스며들어 있으니 말이다. 또한 과연 영국이 스스로 다른 나라와 단절하기로 작정하고 다른 나라의 사상, 역사, 문학이나 관습을 전혀 모른 채 수세기 동안 살아오고 있는 모습을 상상할 수 있을까? 그런데 불과 몇 년 전까지만 해도 한국이 바로 그런 경우였다. 한국인들과 선교사가 서로를 이해하기가 무척 어렵다는 것은 분명한 사실이다. 그런데 이러한 어려움은 마침 한국인들이 유구한 문화를 지니고 있으며 그 문화에 대해 자부심을 가지고 있고, 격식에 맞는 행동과 전통 준수를 중시하는 민족이라는 사실로 말미암아 한층 가중된다. 한국인들은 또한 세 가지 도(유교, 불교, 도교)를 교양인이 믿을 만한 공인된 종

---

13 기독교 용어로는 성호라고도 한다. 현재 한국 기독교는 신명으로 '하나님', '하느님' 등 두 가지를 혼용하고 있다. 일반적으로 개신교는 '하나님'을, 가톨릭교회와 성공회는 '하느님'을 사용하고 있다. 본서가 대한성공회 관련 서적인 까닭에 대한성공회의 관례에 따라 본 번역에서는 '하느님'이라는 용어를 사용한다.

교로 받아들인다. 비록 한국인들이 그 종교들에 대해서 아는 것은 별로 없지만 말이다. 한국어는 외국인이 배우기에는 꽤 까다롭다. 더구나 한국에서는 어떤 사람이 교육을 받았는지 아닌지를 가르는 유일한 척도가 바로 한문 지식인데, 설사 그런 한문을 잘 알려고 정성을 쏟는다고 해서 한국어를 더 잘하게 되는 것도 아니다.

외국 선교사들이 어떤 나라에 오게 되면 필연코 '왜 왔는가'라는 질문이 나오는 법이다. 도대체 온 목적이 무엇이냐? 자부심이 많고, 독립적인 민족은 외국인 선교사들을 무식한 야만인, 다시 말해 교양 있는 관습이나 언행에 대해 무지한 인간으로 치부하는 경향이 있다. 외국인 선교사들이 종교적인 가르침을 전해줄 것이 있다고 말은 하고 있지만, 그들은 위대한 세 가지 도 가운데 어느 하나에 대해서도 전혀 배운 바가 없지 않은가? 외국인들은 대중들이 지켜보는 가운데 많이 노출되어 살게 마련이다. 그들은 집 밖에서 걸어 다니든, 방안에 앉아 있든, 정원에서 꽃을 심든 간에 아주 좋은 구경거리가 된다. '통행권' 같은 것은 한국에서는 이해되지 않는다. 한국은 여러 가지 장점이 많지만 '자기 집은 자신의 성'[14]이라는 개념에는 전혀 아랑곳하지 않으며, '무단출입자 고발'

---

14 영국인의 개인주의적 성향을 잘 나타내는 말.

같은 팻말 뒤에 조용히 숨어서 피해보려는 것도 용납하지 않는다. 저런, 이웃집 돼지가 선교부 단지 구내에서 이것저것 파헤쳐 먹으려고 그곳을 무단으로 드나든다. 한 사람의 일은 곧 모든 사람의 일이다. 그래서 한길에서 은밀한 이야기라도 하려고 하면 지나가는 행인이 기를 쓰고 달려든다. 한국인은 "네 일이나 신경 써, 내 일은 내가 알아서 할게"라는 말을 전혀 생각하지 못한다. 그래서 외국인 역시 한국에서 유익한 인물이 되고자 한다면, 사물들을 한국인의 관점에서 보기 위해서 꾸준히 정신적인 곡예를 하는 법을 배워야만 한다. 예를 들어 한국에서는 웃음이 경박함보다는 그 반대를 의미할 수 있다. 따라서 만일 당신이 꼭 필요한 꾸중을 했는데, 상대방이 미소를 짓는다고 해서 화를 낸다면 지혜로운 처사가 아니다. 당신은 그 미소로 인하여 언짢게 될지 모르겠지만, 그 미소야말로 당신이 한 말이 당신의 의도대로 적중했다는 것을 의미하기 때문이다.

너무나 많은 것들이 선교사의 인물 됨됨이에 달려 있다. 한국어 교사나 하인들은 선교사를 조심스럽게 뜯어보고서는 호기심 많은 친구들에게 장황하게 이야기를 늘어놓는다. 한국인은 사람을 평가하는 일에 아주 빈틈이 없어서 일단 그가 건실한 사람이라는 것을 알고 나면, 예절이나 언사에 다소 실수가 있어도 참작을 해준다.

머지않아 선교부 사택은 이제 더 이상 신기로울 것이 없게 된다. 한국어 교사와 마주한 채 엉터리 발음을 해가면서 서로를 이해해보려고 애쓰느라 고통스런 시간들을 보내다 보면, 어느덧 언어의 장벽이 선교사 앞에서 물러가기 시작하고, 비록 더듬거리는 말이나마 선교사는 수수께끼 같은 자기 자신에 대해서, 그리고 자신이 전하고자 하는 메시지에 대해서 어느 정도 설명할 수 있게 된다.

점차 최초의 구도자[15]들이 모이게 된다. 이번에는 이웃들이 이러한 구도자들이 새로운 교리와 종교적인 관습들에 대해 들려주는 소식을 들어보려고 야단법석을 부리면서 과연 그들의 행동에 어떤 변화가 나타나는지를 조심스럽게 지켜본다. 하지만 이런 변화는 나중에, 다시 말해 구도자가 세례 받을 때에 더 분명하게 나타나는데, 세례를 받는 것은 사회에서 당연시되는 어떤 관습들을 단호히 거부하는 것을 의미하기 때문이다. 그런데 참으로, 새로운 교리가 과연 그럴 만한 가치가 있느냐는 질문에 대해서 영세자[16]들이 자신들의 삶을 통해 답변할 수 있을까? 만일 그렇지 못하다면

---

15 입교예비자 혹은 문자교인.
16 세례 받은 자.

새로운 교리, 곧 기독교는 사람들을 유구한 좋은 전통에서 일탈하게 만들었다는 비난을 정면으로 받게 될 텐데, 이런 비난에 맞서기란 여간 힘든 일이 아니다. 하지만 다행히 신자들이 자신들의 삶을 통해 보여준 답변들이 좋은 편이라 교회는 성장한다. "자, 보라, 내 시내는 강이 되겠고, 내 강은 바다가 되리라."

교회구 사제와 그의 사역.[17] 아마 교회구라는 익숙한 단어를 그 용법을 확장하여 한국에서의 목회를 가리키는 용어로 쓴다면, 그것은 옳지 못할 수도 있다. 지역(district)이란 말이 더 나을지도 모른다. 교회구 사제는 통상 직경 약 60마일[18]에 이르는 지역의 사역을 감독해야 하기 때문이다. 사제에게는 일종의 본부가 있는데, 그것은 그의 숙소인 한옥과 해당 지역의 중앙교회[19]이며, 여기에 소년·소녀를 위한 학교나 기숙학사가 있는 경우가 있다. 사제가 혼자서 일하지 않는 상황이라면 운이 좋은 편이다. 동료가 반드시 두

---

17 교회구라고 번역한 단어인 parish는 사제관할지라고 할 수 있다. 성공회 내에서도 parish에 대한 합의된 번역이 없는 듯하다. 다음을 참고. 김진만 『성공회이야기』, 서울: 삼련서점, 2002, 12~13쪽.

18 약 100km, 250리. 이하 본문에 나타나는 원저자의 도량형은 그대로 사용하고, 각주에 미터법이나 한국의 단위로 환산하여 표시한다.

19 중앙성당, 성당, 본교회, 혹은 본당이라고 부를 수 있다. 교회는 사제가 있는 정식 예배처소이고, 예배당은 그보다 작은 규모의 예배처소이다.

명 정도는 있어야 한다고 주장한다면, 그것은 지나친 꿈이라고나 할까? 본부에는 교리교사[20] 2명, 곧 남자 1명과 여자 1명이 살며, 다른 사람들은 주변 마을에 배치된다. 수녀가 가끔 방문하는데, 이 일이야말로 대부분의 지역에 사는 여성들이 외부로부터 받는 유일한 도움이다. 상주하는 여성 사역자가 있는 특혜를 누리는 본부는 한두 군데에 불과하다.

사제의 삶은 지속적인 왕래의 삶 바로 그것이다. 사제는 그가 돌봐야 할 여기저기 흩어져 있는 마을들을 주기적으로 방문하려면 시간 계획을 잘 짜야 한다. 그 기간은 한 달에 한 번에서 일 년에 한 번까지 다양하다. 만일 또 한 명의 사제[21]가 본부에 거주한다면, 그 사제는 항상 본부에 남아 교회의 매일성무[22]를 책임질 수 있다. 그럴 경우 본부에서 먼 곳에 사는 교인들도 성례[23]에 참석하기 위하여 본부로 올 수 있고, 굳이 자기가 사는 곳의 예배당(chapel)[24]에 사제가 오기만을 기다리지 않아도 된다.

---

20 전도사나 조사.
21 이를테면 보좌사제.
22 교회의 일상적인 예배.
23 세례와 성만찬 등 기독교의 예식. 종파에 따라 예식 수는 다르다.
24 회당, 선교교회, 혹은 기도처라고 부를 수 있다.

시골 순회 방문. 자, 이제 주변 마을을 방문하고자 길을 나서는 사제를 뒤따라가 보자. 지금 시작하는 순회는 하루 이틀 정도의 여정일 수도 있고, 두 주일 남짓 출타하는 계획이 될 수도 있다. 일 년에 한두 번은 주교를 모시고 가는 행운을 맛볼 수 있으며, 주교는 견진예식[25]을 베풀려고 오는데, 때에 따라서는 치리[26]가 필요한 사안을 해결하기도 하고, 다양하게 제기된 문제들에 대해 조언하기도 한다. 지역을 방문하는 일은 영국의 교회구에서도 결코 간단한 일이 아닌데, 많은 것들을 미리 계획해야 하기 때문이다. 마을 사람들이 농사일이 한가로울 때는 언제인지? 교인들이 언덕과 논 사이로 꼬불꼬불 나 있는 좁고 작은 길을 밤중에 걸어올 텐데, 과연 그 길을 밝혀줄 달은 뜰는지? 배를 타야 할 경우라면 조류는 어떻게 흐를는지? 여름이면 장마를 피해야 하며, 터키탕[27] 속에 있는 것 같은 무더위 속에서 하루 20마일[28]을 걷는 것은 미련한 짓이리라. 겨울이면 온도계는 기껏해야 섭씨 영도를 가리키지만, 실제로는 뼛속을 파고들 정도로 차가운 바람을 맞게 되리라. 그러나

---

25 혹은 견진성사. 세례 이후 신앙을 재다짐하는 교회예식. 통상 유아세례를 받은 사람이 성인이 될 때 한다.
26 교인이 지켜야 할 질서 혹은 그 질서를 어길 때 내리는 처벌 조항.
27 오늘날의 사우나 같은 목욕탕.
28 약 32km, 80리.

한국의 기후는 일 년 중 대부분 아주 상쾌하며, 하늘은 맑고 바람은 강한 날이 많다. 그래서 하루 나들이를 할 경우, 중간에 마시거나 먹지 않는다고 해도 전혀 고단하지가 않다.

주변 어디에나 펼쳐져 있는 언덕들의 윤곽과, 그 언덕들 위에 드리운 빛과 어둠이 교차하는 모습은 아주 아름답다. 언덕들은 나무들이 거의 없어 헐벗은 채 장관을 이룬다. 그래서 산속의 오두막집이나 고관대작의 묘지, 혹은 언덕 꼭대기에 자리 잡은 절 같은 곳의 주변에 있는 언덕은 경치가 더 좋은 편이다. 시골은 겨울에는 황량하고 때때로 눈에 덮여 있다가, 시냇물 위에 둥둥 떠 있는 얼음 조각들이 강을 따라 미끄러져 바다로 내려갈 즈음이면, 순식간에 지나버리는 너무도 짧은 봄철에 온통 꽃동네가 되고 만다. 언덕은 진달래가 분홍빛으로 물들이고, 평지는 바이올렛 꽃으로 푸른색이 되어버리고, 복숭아꽃, 자두꽃, 벚꽃, 배꽃이 온 계곡에 흐드러지게 피어난다. 하지만 아마도 한국이 가장 아름답고, 온갖 색깔로 넘쳐나는 계절은 바로 늦여름과 가을이다. 바로 그때 감나무에 잎과 열매가 달린 모습이야말로 절경이다. 그리고 한국의 시월은 정말 살맛 나는 계절인데, 낮은 더우면서도 상쾌하고, 밤은 선선하여 모기장을 치면서도 담요를 다시 덮기 시작한다.

사제가 순회 방문을 하기에 정말 좋은 날씨이고 아름다운 시골이다. 철에 따라 엄청나게 많은 꿩, 백조, 거위, 오리 등을 마주치기도 하고, 들판에서 먹이를 쪼고 있는 붉은 따오기 떼나 커다란 능에 떼를 무심결에 놀라게 만들기도 한다. 황금빛 햇무리가 획 지나가 버리는가 하면, 여유 있게 훨훨 나는 커다랗고 멋진 호랑나비나 붉은색, 파란색, 노란색으로 찬란하게 빛나며 쏜살같이 날아다니는 잠자리가 동무가 될 때도 있다. 뱀들이 길을 가로질러 미끄러지듯 지나가고, 커다란 연들이 머리 위로 난다. 사시사철 갈까마귀는 떼를 지어 길 지나는 사제를 향해 합창하듯 짖어댄다. 여름에는 매미 떼가 귀가 먹을 정도로 시끄럽게 울어대며 파리 떼는 분주하게 돌아다닌다. 그 모습은 마치 모기들과 다른 날아다니는 것들의 도움을 입어 사제가 집에 돌아올 때 그 집을 훤하게 밝히기라도 하려는 듯하다. 아, 그리고 개구리들이 덥고 습한 저녁에 목청 높여 소리 내는 합창소리라니!

출발과 시골의 회중. 짐 보따리를 꾸린다. 교회용품과 개인용품 몇 점, 이불 혹은 야전침대, 취사 및 식사 도구, 그리고 먹을 것. 먹을 것에는 살아 있는 닭과 달걀 한 꾸러미가 포함되기도 하는데, 한국에서는 짚으로 짠 꾸러미에 달걀 열 개를 하나씩 포개서 감아 놓는다. 이 모든 것을 한 사람이 등에 지는데, 그 위에다가 숯 한 더미까지 얹는다. 그리고 이 짐을 앞서 보낸다. 한국의 짐꾼은 지게

꾼이라고 부르는데, 정말 놀라운 사람이다. 그는 양말 대신 무명 띠로 발꿈치는 뺀 채 발을 감싸고, 신은 짚신을 신는다. 지게는 두 개의 튼튼한 막대기로 만드는데, 여기에다가 연결 막대기와 짐을 싣기 위해 돌출된 버팀목, 두 어깨 위로 지게를 지기 위한 새끼로 꼰 끈 등을 합해서 만든다. 그는 두 갈래로 갈라진 긴 작대기를 가지고 다니는데, 잠시 쉬려고 지게를 벗을 때는 그 작대기로 지게를 받쳐놓는다. 짐은 무게가 등 윗부분에 잘 실리도록 쌓는다. 그는 정말이지 많은 짐을 쉽게 하루 종일 나르는데, 몸을 조금 앞으로 숙인 채 한 시간에 10리(3마일)씩 가서는 잠시 쉰다. 그의 농담은 아주 재미있으며, 일을 마친 뒤 내는 신음소리도 그렇다. 혹시나 일을 시킨 사람이 마음이 약해져서 정해진 품삯보다 더 주지나 않을까 해서 가벼운 승강이를 벌이면서 그런 신음소리를 내는 것이다.

짐이 안전하게 출발하고 나면 사제는 편한 시간에 그 뒤를 따라 나선다. 한국의 어떤 지방에서는 지금 자전거가 아주 요긴하게 사용된다. 대개 해질 무렵에 목적지에 당도하는데, 사람들이 저녁을 먹고 나야 한가해지기 때문이다. 마을에 들어서면 초가집 굴뚝에서 나는 연기가 마을 위로 뿌옇게 흩날린다. 예배당, 학교, 사제 숙소, 그리고 교인들이 미리 모여 있는 사랑방 등이 한곳에 모여 있고, 그 위에는 반드시 깃발이 꽂혀 있기 마련인데, 그 건물들이 교회 재산임을 증명해준다.[29] 만일 깃발이 없었다면 교회에 어떤 일이 벌어졌을까? 생각만 해도 몸서리가 쳐진다!

짐 보따리를 풀고 방바닥에 이불을 펴면 사환(boy)은 즉석 음식을 마련하고자 일을 시작한다.[30] 교리교사가 잠시 들러 보고를 하고 나면 교인명부를 점검한다. 교인 한두 명이 문간에서 자신들이 왔음을 알리는 헛기침을 한 뒤 방으로 들어와 경의를 표하고 물러간다. 사제는 시간에 맞춰서가 아니라 교인들이 오는 것에 맞춰서 일할 수밖에 없다. 교인들을 모으느라 종을 치거나 심지어 호루라기를 불기도 하는데, 이렇게 해서 교인들이 제법 모이면 드디어 저녁예배를 드린다. 예배당이라고 해야 초가지붕을 한 덩그러니 빈 작은 방인데, 방바닥에는 가마니 한두 장이 깔렸고, 남녀를 구분할 휘장이 중간에 쳐 있다.[31] 거기에 제대[32]가 있고, 그 위에 투

---

29 선교 초기에 교회는 선교사의 출신 국가의 국기를 꽂곤 했다. 일종의 외세에 의한 보호 조치인 셈이다.

30 당시 선교사들은 보통 사환, 혹은 시종을 데리고 다녔다. 원문에는 보이(boy)라고 표기되어 있는데, 반드시 어린 사람이 아니더라도 한국인 사환을 이렇게 불렀다. 이것은 당시 선교사를 포함한 서구인이 비서구인을 대하는 온정주의적 자세를 드러내는 표현이다. 다시 말해 서구인은 비서구인을 연령에 관계없이 전부 어린애 취급을 하는 경향이 있었다. 제5장 의료사역에서 병원의 사환에 대하여 설명하는 부분에서도 이와 관련된 내용이 다시 나온다.

31 한국 교회 초기에는 남녀 간에 내외하는 관습에 따라 예배당 중간에 휘장을 치거나 심지어 교회를 기역자로 만들었다.

32 성찬대, 즉 성찬례를 거행하는 탁자.

박하게 만들어진 십자가와 촛대가 놓여 있다. 그 밖에 있는 것이라곤 달랑 의자와 상자가 전부인데, 독경대[33]와 미사에 필요한 것을 놓는 제구대로 사용된다. 싸구려 등유를 사용하는 남포[34]가 두세 개 천장에 매달려 있는데, 이 남포에 불을 붙일 때면 긴장된 순간이 온다. 과연 남포가 정상 작동을 할지 아무도 모르니 말이다.

예배가 끝나고 고해예식[35]도 마치면 잠자리를 편다. 한국의 방은 크기가 8평방피트[36]이고 온돌로 난방을 한다. 추운 밤, 편하고 따뜻한 방바닥 위에서 새우잠을 자는 것은 즐거운 일이기는 하지만, 이런 식의 난방은 결점도 있다. 장작을 지피는 사람이 너무 열심이면 자칫 타 죽을 수 있고, 역풍이 불면 장작불이 꺼져 밤새 냉골이 되고 만다.

아침이 되면 요령껏 세수를 한 뒤, 감사성찬례[37]를 드리려고 예

---

33 독서대, 즉 성경을 읽는 대.

34 영어 lamp의 한글 전사.

35 고해성사. 자기의 죄를 사제에게 고하는 의식. 가톨릭교회는 고해성사가 7성사 가운데 하나이며, 따라서 필수적인 의식이다. 반면 개신교회는 두 가지 성례, 즉 세례와 성만찬만을 인정하기 때문에 고해성사를 성사로 인정하지 않는다. 그런데 성공회의 경우에는 중도적인 입장을 취한다. 즉, 개신교와 마찬가지로 공식 성사로는 인정하지 않지만, 교회적 의식으로 인정하여 교인이 원할 경우 고해성사를 거행한다. 따라서 강제 규정이 아니다.

36 8평방피트이면 너무나 작은 면적이며, 아마도 필자가 잘못 계산한 듯하다.

37 성찬례가 있는 정식예배를 가리키며, 로마 가톨릭교회에서는 미사(Missa)로, 성공회에서는 감사성찬례(Eucharist)로 표기한다. 참고로 성찬례는 Eucharist, Communion, Lord's Supper 등 다양한 용어로 지칭된다.

배당에 모인 교인들을 만난다. 교인들의 신앙심에는 언제고 감동을 받지 않을 수 없다. 여인네들과 소녀들은 세례식 때 처음 받은 하얀 미사포를 쓰고 엎드려 조용히 있으며, 남정네들과 소년들은 경의를 표하고자 이마를 바닥에 댄다. 신발은 바깥에 벗어놓지만, 남성들은 모자를 그대로 쓰고 있다. 갓이라고 하는 남자의 모자는 결혼식 때 받게 되는데, 대개 그때 나이가 열두 살쯤 되며 한국에서는 정장의 일부이다. 따라서 만일 교회 안에서 갓을 벗는다면, 그것은 오히려 존경심을 표하지 못하는 것이 되리라.

신경(Creed),[38] 삼성경(Sanctus),[39] 영광송(Gloria)[40]을 천천히 노래하듯 암송하는 것은 매력적이지만, 곡조 있는 곡을 부르는 것은 그렇지 않다. 그런데도 사람들은 찬송 부르기를 좋아하며, 그래서 장차 찬송가도 생기게 될 것이다. 복음서를 읽고 나면 강론[41]이 있고, 그 뒤에 세례준비자[42]들은 사도신경 순서 직전에 "조용히 퇴장

---

38 성공회에서는 주로 사도신경과 니케아신경을 사용한다.
39 '거룩하시다(Sanctus)'로 시작하는 경배의 찬미가. 거룩송, 거룩하시다, 상투스 등으로 다양하게 부른다.
40 영광송에는 대영광송인 '글로리아 엑셀시스(하늘 높은 곳에는 하느님께 영광)'과 소영광송인 '글로리아 파트리(영광이 성부와 성자와 성령께)' 등이 있는데, 통상 두 가지 모두를 가리키지만 여기서는 대영광송을 의미하는 듯하다.
41 설교.
42 망세자, 교리교육을 받는 사람.

하라"는 말을 듣게 된다.[43]

아침식사를 마치면 짐을 싸서 다음 마을로 이동할 수도 있고, 한곳에서 하루 이틀 머물 경우에는 교인 심방, 면담, 교육, 혹은 세례준비자 심사, 학교 방문이나 그 밖에 점검해야 할 일들을 하게 될 수도 있다. 물론 곤란한 문제들이 갑자기 생기기도 한다. 어떤 교인이 부친이 최근에 돌아가셨는데, 친척들의 압력에 못 이겨 집에 위패를 다시 모시고 그 앞에 제사를 드린 경우. 어떤 가족이 병 때문에 놀라서 무당을 청했는데, 환자가 나은 경우. 어떤 사람이 교인인 딸을 이방인[44]에게 시집을 보낸 경우. 어떤 사람은 아내와 사별하자 또 다른 여인을 얻어 들인 경우.[45] 어떤 사람은 사제가 다음번에 순회 방문할 때 공개적인 회개를 해야 할 참회자[46]인 경우. 또 어떤 사람은 아주 점잖은 양반인데, 아무 말도 않고 귀중한 시간만 보내다가 슬그머니 말을 꺼내기를 신부(神父), 즉 사제는 자기의 아버지요 어머니인데, 자기가 10엔[47]을 빌리지 못하면 당장이

---

43 초기 대한성공회에서는 주일예배 순서 가운데 성찬례가 설교 뒤에 있었는데, 이 순서에는 영세자들만 참석할 수 있었다. 이것은 초대교회의 관습도 마찬가지였다.
44 비기독교인.
45 문맥상 정식 부인이 아닌 첩을 구한 경우를 의미하는 듯하다. 만일 정식 재혼이라면 문제가 될 것이 없다.
46 자기 죄를 공식적으로 인정하고 교회의 용서를 구하는 교인.
47 당시 일본의 화폐 단위.

라도 죽음에 처하게 될 상황이라고 말하는 경우. 또 옆 마을 사람들이 자기네 예배당을 따로 갖기를 바란다면서 대지는 이미 제공되었고, 교인들이 건축 일도 할 것이며, 자재를 위한 비용도 헌금했으니 교회가 나머지 비용을 책임질 수 있느냐고 물을 경우. 그런데 그 예배당 자재라는 것이 다름 아니라 예배당 터 근처 혹은 멀리 떨어진 곳에 있는 가옥인데, 이것을 사서 통째로 허물어 옮기려는 것이다. 한국에서는 사람들이 마치 천막을 다시 치듯 집을 옮겨 다시 짓곤 한다. 사제는 정확하게 어떤 문제에 부딪히게 될지 전혀 알 수 없지만, 적어도 확실히 알 수 있는 것은 돈과 결혼에 얽힌 문제는 늘 있게 마련이라는 사실이다.

새 터전. 기독교 신앙을 배우기를 원하는 일단의 사람들을 만나볼 차례이다. 이들은 이미 자기들 가운데 한 사람을 지도자로 뽑았고, 모임은 그 지도자의 집에서 가질 예정이다. 이들이 사는 마을은 우리의 다음번 예정 목적지로 가는 도중에 있다. 자, 여기에 방이 있고, 그곳에 우리를 맞을 주인과 그의 친구들이 있다. 신발을 벗고 상석에 책상다리를 하고 앉는데, 상석은 바로 아랫목이다. 모임이 끝나면 간단한 대화와 간식을 나눈다. 당면 문제를 곧장 다루는 것은 좋지 않다. 이런 문제는 적절한 절차를 거쳐 다뤄나가야 한다. 사람들은 구도자의 의무가 무엇인지에 대해서 주의 깊게 들으며, 물질적인 이득이 기독교인이 되는 목적이 아니라는 이야기를 침착하게 듣는다. 적당한 방, 적당한 모임, 적당한 시간이 정해진다. 어떤 사람이 출석부를 관리할 책임을 맡게 된다. 교리교사가 때때로 방문하게 될 것이다. 여성들이 남성들만큼이나 중요하게 여겨질 것인데, 이런 생각은 전혀 새로운 것이다. 기도 및 간단한 지침을 담은 소책자가 건네진다. 정중한 작별 인사를 나눈다. 그리고 우리는 길을 계속 간다. 이후 세례준비자들로 허입되는 과정이 있을 것이고, 마침내 세례에 참여하게 될 것이다.

한국에서 교회는 자기들의 동료를 데려오는 교인들을 통해 확산됐다. 한국인들은 개개인이 아닌 가족이나 마을 단위로 사고를 한다. 따라서 새로운 장소에서는 구도자들이 한두 명이 아니라 단체로 온다. 그러나 교회가 이미 상당 기간 정착되어온 곳에서는 여기서 몇 명, 저기서 몇 명 하는 식으로 구도자를 얻게 되는데, 거의 온 집안이 교인이 된 가족들 가운데서 낙오자를 불러 모으는 식이다. 우리 외국인 선교사들은 장터나 가정에서 "불신자들에게 직접 설교"하는 일은 상대적으로 거의 하지 않았다. 굳이 그런 부탁을 받을 때를 제외하고는 말이다. 그러나 환등기를 보여주는 설교[48]를 하기 위하여 아름다운 별밤에 언덕과 논을 이리저리 헤매며 다니던 것과, 저녁 전도 집회에 청중들을 모으려고 흔들거리는 남포를 들고 음도 맞지 않는 찬양을 부르면서 뒤뚱거리며 행렬을 이루던 것이 회상된다.

성탄절 절기. 3백 명이나 되는 사람들로 숨이 막힐 정도로 꽉 들어찬 시골 교회의 장면이 연상된다. 사방의 여닫이문은 모두 열어놓은 채 청중들로 혼잡을 이룬다. 이것이 바로 첫 번째 성탄절 저녁기도[49]이다. 사제가 의자에 앉아서, 때로는 바닥에 앉아서 지난 이틀 동안 거의 하루 종일 고해예식을 듣고 있다. 신자들이 자기 지역의 중앙교회에서 절기를 지키기 위하여 모여드는데, 심지어 아주 먼 곳으로부터 오는 경우도 있다. 자, 이제 축제가 시작된다. 행렬의 선두가 옆문을 비집고 가까스로 밖으로 나가고, 회중은 신발을 찾느라 서로 온통 뒤섞인 채 행렬을 뒤따라 나와 작은 장이 서는 마을, 곧 읍면 소재지를 한 바퀴 돈다. 회중이 교회로 돌아오면 사제와 조수[50]가 제단에 설 자리조차 없을 지경이며, 저녁

---

48 영화가 보급되기 전에 환등기는 큰 인기가 있었다.
49 만도, 정식예배가 아닌 간단한 경건회.
50 복사(服事).

기도를 장엄하게 드린다. 예배 중에 순서에도 없는 사건이 하나 벌어진다. 남포가 쓰러진 것이다. 만일 누군가 황급히 남포를 집어서 교회 밖 마당으로 내던지지 않는다면, 그처럼 밀집한 군중 가운데 큰 재난이 일어날 것은 뻔한 일이다. 다음날 감사성찬례 때 교회는 다시금 넘쳐날 정도로 가득 차고, 세례준비자들이 퇴장한 뒤에도 여전히 차고 넘친다. 소년·소녀들을 한편으로 몰아넣는 통에 그들은 제단 옆이나 뒤편, 혹은 성찬례에 참석할 사람들의 발 근처에 있게 된다. 성찬례 때 예배드리는 성도들은 줄을 지어 앉게 되는데, 사제는 첫 번째 열 안팎으로 다니면서 성도들이 무릎 꿇고 있는 곳에서 성찬을 나눠준다. 그러면 주님(의 몸)을 받은, 곧 성찬을 받은 사람들은 옆으로 물러나 뒤에 있는 사람들이 제단 앞으로 나올 수 있도록 한다.

자, 한국의 또 다른 곳에서 이뤄지는 성탄절 절기를 보자. 때는 바로 '죄 없는 어린이들의 순교 축일'(the night of Holy Innocents)이다.[51] 밝은 달빛 아래 눈이 반짝이는 밤이다. 서리가 성하지만, 고요하고 건조한 추위라서 사람들은 개의치 않는다. 오

---

51 문자 그대로는 '거룩한 무고한 자들의 밤'이란 뜻으로, 성경에서 새로운 왕으로 태어난 예수를 죽일 목적 하에 헤롯의 왕명으로 이뤄진 유아, 곧 무고한 자들의 대학살 사건을 가리킨다. 마태복음 2:13~18.

늘은 바로 어린이들의 밤이다. 부지런한 사람들이 벌써 여학교 운동장에 차일을 쳐놓았고, 그 아래 성탄목을 세웠다. 성탄목에는 선물과 촛불 등을 구색 맞춰 잘 걸었다. 종이 등불이 처마에 달려 있고, 이제 하나하나씩 불이 켜지는데, 순간적인 짜릿한 기쁨을 맛보게 한다. 마침내 모든 사람들이 혹시나 하고 예상했던 대로 초가집에 불이 났다. 그러나 한국인들은 그런 사고에 익숙하고 아주 신속하게 대처하기 때문에 아무런 피해도 입지 않는다. 소년·소녀들은 성탄목 주위에 모여 화답하며 찬송한다. 게임을 하고 선물을 준다. 소녀들이 빨간색, 노란색 등 밝은 색 옷을 입은 모습이 정말이지 그림처럼 아름답다. 소녀들의 검은 눈동자가 몸에 두르고 있는 하얀 털목도리 속에서 반짝인다. 털목도리는 소녀들의 머리, 귀, 목, 입을 온통 감싸고 있으며, 털목도리 끝에는 분홍색 비단으로 단을 댔다. 소녀들은 팔목을 비단과 털로 된 토시 안에 포근하게 넣고 있다. 어른들도 무슨 흥밋거리가 없나 해서 붐비는데, 그중에는 아이를 등에 들쳐 업은 아기엄마들도 있다. 교인들은 차일 아래에서 온기를 유지하지만, 밤이 깊어감에 따라 추위를 점점 느끼게된다. 자, 이제 사람들을 모두 집으로 보내야 할 시간. 아이들에게 과일과 과자 등을 작별 선물로 준다. 그리고 나면 어른들 가운데 존경받는 사람 집에 가서 진지한 모습으로 차를 마신다. 그런데 이

때 여성들은 하나도 없다! 그다음은 잘 시간.

이 마을은 베들레헴 구유를 꾸민 장식을 만들어 왔고, 10마일[52] 떨어진 곳에서는 교인들이 자기들이 꾸민 성탄극을 준비해 왔다. 이 성탄극은 꽤 조잡한 것으로 오늘날 영국에서라면 불경스럽다고 해서 반대하는 큰 소동이 일어날 정도이다. 영국의 어떤 교회구 중앙교회에 신자와 비신자가 함께 가득 모여 있는 모습을 한번 상상해보라. 어떤 사람은 바닥에 앉고, 어떤 사람은 서고, 어떤 사람은 이리저리 걸어 다닌다. 성단소[53]를 무대로 삼고, 제단은 휘장으로 가린다. 한 장면만 보기로 하자. 한 사람이 나귀로 분장하기 위하여 검은 줄무늬를 그려 넣은 종이를 둘러쓴 채 네 발로 기며 움직인다. 척 봐도 마부로 보이는 사람이 이 나귀를 "이랴" 소리를 내면서 끌고 간다. 한국의 모자, 곧 갓을 쓰고 흰옷을 입은 위엄 있고 아주 경건한 모습을 한 사람이 그 나귀를 타고 있다. 앞에 서는 아이들이 소나무 가지를 들고 뿌린다. 바로 이것이 우리 주님께서 예루살렘에 입성하시는 모습이다. 우리 조상들은 이런 장면에 익숙했지만, 우리들은 아니다. 그러나 바로 여기에 우리들이 영국에

---

52 약 16km, 40리.
53 성상안치소. 보통 동쪽에 성가대와 사제가 있는 곳.

서 크게 결여하고 있는 그 무엇이 있다. 그것은 바로 성육신[54]의 종교를 표현하고자 하는 마음이다. 하지만 이들에게 있어서는 하느님은 참으로 그들 육신 가운데 오셨고, 그들의 성품을 자기 몸에 지니셨고, 그들을 형제라고 부르는 것을 부끄러워하지 않으셨고, 그들의 단순하고 자연스러운 일상생활과 시골 풍습을 편하게 여기셨다. 당신의 신비를 젖먹이에게 계시하신 하느님 찬송 받으소서.

어떤 관습과 미신. 이 나라의 역사 초기에 불교가 승하였지만, 그 세력은 14세기에 쇠하기 시작했다. 남승과 여승이 아직도 이 나라에 있지만, 그들은 멸시받는 계층이며 절은 산속으로 내쫓겼다. 지난 5백 년간 유교가 한국의 종교였다. 만일 유교를 종교라고 부를 수 있다면 말이다. 유교에는 제공할 만한 아무런 영적 메시지도 없고, 결과적으로 대중들을 미신의 먹이가 되도록 내버려둔다.

돌을 섬기는 증표가 아주 많다. 나무나 관목에 헝겊 조각, 종이, 짚 등을 매다는 것은 귀신들을 달래려는 노력을 나타낸다. 어떤 초가집이 간밤에 불이 났는데, 사람들은 말하길 남산(남쪽에 있는

---

54 신이 사람이 된 사건, 즉 예수의 탄생.

언덕)에서 검은 도깨비가 날아와 지붕에 불을 붙이는 것을 보았다는 것이다. 도깨비가 충혈이 되어 시뻘게지더니 몸을 굽혀 손가락으로 동그라미를 긋자 초가지붕에 불이 붙고 말았다는 것이었다. 집의 창문에 매단 염주들은 그런 귀신들을 막으려는 것이다. 또한 문 앞에 신발을 놓는데—주의해서 보면 신발 앞쪽이 집 반대쪽을 향해 있다—그것은 또 다른 악한 귀신이 그 신발을 신고 걸어서 나가라고 둔 것이다. 길가에 놓인 이상한 짚 인형을 보거든 건드리지 않는 것이 좋다. 심지어 종이를 꽈서 인형에 매단 동전도 집을 생각을 하지 마라. 어떤 사람이 자신에게 닥칠지 모를 새해의 불행을 인형 안에 쑤셔 넣으면서 혹시나 지나가는 행인이 이 동전을 집으려다가 인형을 건드려서 불행을 자기 어깨에 씌우는 함정에 빠지기를 바라기 때문이다.

울부짖는 소리와 쾅쾅거리는 소리가 들리는가? 그것은 무당이 어떤 집에서 질병 귀신을 붙들고자 애쓰느라 나는 소리다. 만일 그 귀신을 잡으면 무당은 병 속에 넣어서 마개 위에 한자로 쓴 부적을 붙여 단단히 봉하고, 땅속에 묻는다. 언젠가 무당이 자기 뜻과는 달리 교회에 호의를 베푼 적도 있다. 어떤 가족이 세례명이 요한인 부친이 죽자 배교를 하고 말았다. 그런데 가족 중에 한 명이 병들자 멀리서 용한 무당을 불렀다. 무당이 황홀 상태에 빠져 말하길, "나는 요한의 영인데, 너희들이 신앙을 버리고 나를 위하여 기도를 도무지 하지 않기 때문에 편히 쉴 수가 없구나. 즉시 회개하라"고 했다. 그래서 지체 없이 귀신을 섬기는 제구(祭具)들과 위패를 내던지고 묻거나 태웠고, 아내는 참회자로 교회에 돌아오고 아들들은 다시 세례준비자가 되었다.

갑이라고 하는 사제가 어느 날 교인으로부터 자신의 집에 성수를 뿌려 정결케 하고 축복해주십사 하는 청을 받고 간 적이 있다. 그 집에서 온 가족이 세례를 준비하고 싶다는 것이었다. 얼마 안 있어 이와 비슷한 경우로 어떤 집을 방문했는데, 사제는 거기서 마당에 무당들이 한 무리 가득 있는 것을 발견했다! 그들은 과연 기독교 무당(Christian wizard)[55]은 어떻게 일하는지, 그리고 거기서 배울 만한 것은 뭐 없는지 기를 쓰고 보려고 했다. 이것은 사도행전 8장에 나오는 시몬 마구스[56]의 이야기와 흡사하지 않은가?

어떤 여자 교인이 있는데, 그 교인은 기도의 능력으로 치유를 하고 있다. 또 인근에 있는 어떤 회중은 그들 가운데 귀신 들린 자

---

55 곧 사제.

56 마술사 시몬. 시몬은 평소 마술로 생활을 하던 사람이었는데, 전도자 빌립의 전도를 받고 믿음을 갖게 되었다. 그러나 그는 전도자 빌립이 기적을 베풀고, 나아가 사도들이 안수하여 성령이 강림하는 것을 보고 크게 감명을 받은 나머지 사도들에게 돈을 주고 그런 권능을 받고자 하였다가 책망을 받는다. 이런 연유로 해서 후에 영어 simony는 성직매매, 성물매매로 인한 이득 등을 의미하게 되었다.

와 함께 예배당에 모여서 밤낮으로 끈질기게 기도를 하여 적어도 하나 이상의 귀신을 쫓았다. 우리는 영국에서 교회 안에 병든 자를 고치고 귀신을 쫓는 능력이 있다는 것을 잊어버렸다. 이것을 망각하게 된 이유 가운데 하나는 우리가 너무 영리해져서 악한 귀신에 사로잡히는 것[57]을 더 이상 믿을 수 없게 되었기 때문이다. 하느님께 감사할 것은 한국인들은 그처럼 영리하지 않아서 기적을 행할 수 있다. 뿐만 아니라 선교사들을 겸손하게 만들어 복음서에 나오는 이야기와 우리 주님의 약속과 능력을 좀더 단순하게 믿는 믿음을 구하게끔 만든다.

귀신 들린 자를 치료한 사례 중 첫 번째 사례가 큰 어려움을 초래했다. 그 사람은 백정이었고, 온 가족이 주님께 돌아왔으며, 이웃에 살던 다른 백정들도 그렇게 하기를 원했다. 그런데 백정들은 한국에서는 멸시받는 계층이라 그런 사람들이 교회에 들어오게 되자 큰 소동이 일어났다. 사람들의 말로는 많은 교인들이 백정들과 함께 있기를 거부한다는 것이었다. 비록 인도처럼 카스트 제도는 없어도 한국 사회에는 매우 분명히 구분되는 계층이 있다. 통상적으로 하층민들을 교회로 받아들이는 데에는 별 문제가 없지

----

57 혹은 귀신 들린다는 표현도 사용한다.

만 양반, 곧 상류층의 큰 영향력이 종종 말썽의 소지가 되곤 한다. 평범한 마을사람들이 양반에 대항하여 자기 주장을 내세우기란 극히 어렵다. 양반은 자기가 교회와 아무런 관계도 맺지 않을 것이라고 분명한 입장을 밝힐 수도 있다. 혹은 세례까지 받게 해놓고 즉시 교회의 지도층 자리에 앉혀주지 않는다고 화를 내고 기독교 사역을 가장 심각하게 훼방 놓을 수도 있다. 비록 양반이 동료들에 대한 영향력을 지닐 뿐 아니라 그에 걸맞을 정도의 자부심도 자연스럽게 지니고 있지만, 우리 교인들 중 가장 겸손하고 충성스런 사람들 가운데 몇몇은 바로 이 계층에서 나오기도 한다.

야만적이면서도 매력적인 것이 한국의 장례이다. 초상집에 곡하는 사람들의 "아이고, 아이고" 하는 곡소리가 울려 퍼진다. 드디어 장례일이 온 것이다. 상여꾼들이 모여 담배 피우고 술 마시고 수다를 떠는데, 이들은 무덤가에 가서도 또 이렇게 담배 피우고 술 마시고 수다를 떨 것이다. 모두들 너무도 냉담하고 난폭하다. 시신을 내오는데 수의로 둘러싼 미라 형태이고, 보통 관에 넣어 상여에 올려놓는다. 그러면 상여꾼들이 늘어서서 농담을 하고 몸을 부딪혀가면서 상여를 들어올린다. 상여를 매기 위한 긴 장대가 있고, 상여 위에는 요란하게 채색된 차양이 있다. 앞에는 만장을 든 사람들이 걸어가고, 시신 바로 뒤에는 상주가 걷거나 말을 탄다. 상주는 상복을 입고 새끼로 허리띠를 하고 얼굴은 삿갓으로 가린다. 장례 행렬은 언덕 위에 있는 무덤가까지 곡하면서 이동한다. 지금 장례 행렬이 멈춰 서는데, 앞으로도 몇 번은 더 그럴 것이다. 상여꾼들이 물러섰다 앞으로 나아갔다를 반복하면서 애를 쓰는데, 이것은 사자(死者)가 운구되어 나가기를 싫어하는 것을 형상화한 것이다. 무덤에 가까이 가면 사자의 저항은 아주 심해져서 거의 상여가 뒤집어질 판이다. 무덤은 필경 아직 준비가 다 끝나지 않았을 것이다. 시신이나 관 길이에 정확하게 맞게 무덤을 파고, 흙이 덩이져 굳지 않도록 놔두는 것은 시간이 많이 걸리는 일이다. 아마도 지관이 와서 무덤이 놓일 자리가 각도에 맞는지 확인하고 점검할 것이다. 마침내 시신이 내려지고 회로 덮고 그런 다음 흙으로 덮는다. 그리고 곧 봉분한다. 한국은 언덕마다 이런 둥근 무덤, 곧 봉분으로 덮여 있다. 그래서 정부는[58] 어떤 저명한 언덕가에는 장례를 금한다. 사자는 복잡한 시내 공동묘지나 심지어 시골 교회 묘지에 묻히지 않고, 도시 사람이나 시골 사람 가릴 것 없이 앞이 툭 트여 바다나 계곡이 보이는, 전망 좋은 언덕에 묻히기를 바란다. 만일 사자가 부잣집 혹은 명망 있

58 조선총독부.

는 집안 출신이라면 소나무가 무덤가를 두를 것이고, 아마도 석상과 자손들이 그의 영혼에 바칠 제물을 놓기 위해 무덤 앞에 놓는 상석 등이 설치될 것이다. 만일 그가 기독교인이라면 무덤 앞에 세운 목재나 석재 십자가를 보면 알 수 있을 것이다.

시신은 마을을 통과해 운구할 수 없으며, 읍면 소재지에는 사자가 나가는 문[59]이 따로 있는 법인데, 보통 시신은 일반적인 문을 지나갈 수 없다. 을이라는 사제가 한번은 곤란을 당한 적이 있다. 무덤으로 가는 힘든 길이었는데, 가는 도중에 넓은 시내가 있었다. 다리를 건너면 마을 가운데로 곧장 길이 나오기에 몇 마일은 거리를 줄일 수 있었다. 그래서 장례 행렬이 다리를 건넜더니 마을사람들이 우르르 몰려와서는 이내 주먹다짐이 오가고 삽과 괭이를 휘두르는 등 싸움판이 벌어졌다. 무덤에 도달했을 때, 사제 이하 모든 교인이 회개를 할 수밖에 없었다. 그들은 마을사람들을 격파해버렸던 것이다!

광산 방문. 한국에는 재한 외국인을 위한 사역은 거의 없다. 하지만 우리에게는 서울과 제물포에 작지만 충성스러운 회중이 있

---

59 즉, 시구문(屍口門).

다. 누가 광산촌으로 가는 여행을 잊을 수 있을까? 아주 북쪽 지방에 그런 광산촌이 하나 있는데, 말하자면 가는 데 사흘 길이다. 먼저 삼판[60]을 타고, 다음에는 한국식 소형 배나 기선을 타고, 나중에는 광산촌에서 가장 가까운 소도시에 도착할 때까지 기차를 오랫동안 탄다. 만일 당신이 현명하다면 이 소도시에서 금광 직원들을 만날 수 있도록 시간을 맞출 것이다. 금광 직원들은 이 소도시로 금괴를 싣고 내려와서 이제 다음달 쓸 경비를 위해 동전과 지폐를 갖고 돌아갈 채비를 하고 있다. 노새, 말, 조랑말이 준비되어 있고, 모두들 짐을 하나 가득 실었다. 장총과 권총은 언제든지 쓸 수 있도록 가까이에 둔다. 자, 이제 안장에 앉아 출발. 운반용 마차라고 부르는 것이 있는데, 이것은 일종의 '고문장치'라고나 할까? 이 운반용 마차가 소도시에 내려왔을 경우에는 다른 사람들과 함께 이것을 타고 갈 수 있다. 이것은 가장 거친 길 위로도 흔들거리며 잘 가고, 용케 전복되지 않으면서 한쪽 바퀴로 미친 듯이 질주한다. 이러한 점이 사실이기는 하지만, 문제는 이 마차가 전혀 편하지 않다는 것이다. 마을에서 점점 멀어져 큰 강을 건너고, 하루 종일 경치가 단조로운 들판을 지나지만, 어둠이 내릴 즈음

---

60 중국식 작은 배.

이면 어느새 산속 깊숙이 들어서게 된다. 그러다 중간 지점에 있는 집에서 비치는 불빛을 보게 되면 여간 기쁜 일이 아니다. 동이 트기 전에 다시 길을 떠나는데, 언덕 꼭대기로 동이 트는 것을 보면 환희의 전율을 느끼게 될 것이다. 언덕을 넘고 또 넘어 강과 시내를 물을 튀기며 지나, 드디어 덜컥덜컥 소리를 내며 공장을 지나 광산촌의 가게와 집들 사이로 난 가파른 길을 오르면, 마침내 휴식처에 다다르게 된다. 혹시 한겨울에 여행을 하게 되면 맞바람으로 얼어 죽을 지경이 되거나, 눈보라를 맞으면서 유리판처럼 미끄러운 길 위로 노새가 발을 헛디디지 않고 용케 가는 것에 감탄할 수도 있다. 여름이면 더위를 피하기 위해 밤중에 말을 타고 낮에는 중간 지점에 있는 집에서 쉴 수 있다. 혹은 돌아오는 길에 소형 배를 타고 오면서 큰 절벽 사이를 미끄러져 내리거나 급류 위에서 맴돌기도 한다. 이런 계절에는 강에서 멀리까지 수영을 하는 재미가 더하는가 하면, 겨울에는 도중에 항상 오리, 꿩, 사슴 등을 사냥한다.

광산에는 세례를 받을 아이가 있는가 하면, 개인 집에서 성찬례를 드리기도 하고, 클럽하우스에서 전도예배를 드리기도 한다. 기분 전환도 되고, 미국인과 영국인 친구들의 풍성한 환대와 넉넉한 헌금에 감사하며 다시 일터로 돌아온다.

결론. 한국의 매력이 느껴지는가? 그렇지 않다면 아마 말로써는 이런 것들을 제대로 형용하지 못해서 그럴 것인데, 여하튼 한국 교인들은 우리의 존경을 받을 만하다. "너희가 아직 피 흘리기까지는 대항하지 아니하고"[61]라는 성경 말씀은 우리에게는 사실일지 모른다. 그러나 한국인들은 현대판 순교자와 마찬가지라고나 할까? 불과 60년 전에 로마 가톨릭을 따랐던 한국 남성, 여성, 아이들이 신앙을 위하여 수천 명이나 죽음을 맞이했고, "예수님, 성모 마리아님"이라는 말을 입술에 뇌면서 기쁘게 그들의 삶을 내놓았던 것이다.

한국은 동양이다. 그리스도 안에는 충만한 인간성이 있는데, 한국이 이것에 한몫 기여할 은사가 있다면, 그것은 강렬하고 직접적이고 성급한 공격 성향이나 투철한 개인적 책임의식이 아니다. 이 모든 것들은 서양의 장점이면서 단점이기도 하다. 한국은 오히려 집단적인 충성심, 온유함, 지속적인 인내의 능력, 그리고 점잖은 예의 바름의 능력을 더할 수 있을 것이다.

---

61 히브리서 12:4.

제 2 장
교리교사 및 성직자 양성

-세실 허지스

영국성공회 재한선교부는 한국에 25년간 있었으며, 그간의 사역은 다음과 같이 세 단계로 확연히 구분된다.

1. 선교부가 1890년 한국에 입국했을 때, 한국은 수세기 동안 외국과의 모든 관계를 스스로 끊었던 단절 상태를 막 떨치고 일어나던 참이었다. 한국은 참으로 미지의 나라였기에 이 나라의 언어, 사상, 관습을 배우기가 얼마나 어려웠을지 충분히 짐작할 수 있다. 처음 15년 동안 코르프 주교 지도 아래 기초가 놓였다. 이러한 기초를 놓기 위해서는 선교사들이 인내와 자기 억제라는 엄청나게 큰 대가를 치러야 했을 것이 분명하다. 이 시기에 새 교인은 수백

명에 불과했지만, 몇몇 엄선된 본부에 교회와 병원이 확고하게 설립되었고, 이 교회에 일단의 경험 있는 수녀들(C.S.P.)[62]과 소수의 유능한 사제들이 배치되었다. 이 사제들 가운데 2명이 나중에 한국의 주교가 되었다. 더 나아가 오늘날 세례준비자와 영세자를 위한 교육과 공예배를 위해 사용되는 문서들의 상당 부분이 바로 이 초기에 이뤄진 사역에 기초하고 있다. 선교부의 웅장한 교회 건물 하나가, 즉 강화도에 있는 '성 베드로와 바우로교회(Church of SS. Peter and Paul)' 건물이 세워진 것도 이 시기다.

2. 두 번째 단계는 터너 주교[63]가 재임하던 5년간으로, 교회가 급성장하던 시기였다. 1905년에 5백 명에 머물던 교인들이 1910년에는 수천 명이 될 정도로 크게 증가하였다. 그러나 이러한 수적 급성장은 몇 명 안 되는 선교사들에게 큰 부담이 되어서 토착인[64] 남녀 교리교사를 제대로 교육할 틈을 낼 수 없었다. 교리교사는

---

62 C.S.P. 즉 The Community of S. Peter's이며 Sisters of S. Peter라는 표현도 사용한다. 한국명은 성 베드로 수녀회이며, 과거에는 성피득수녀회라고 불렀다.

63 Arthur Beresford Turner, 한국명 단아덕. 대한성공회 제2대 주교이다.

64 토착 혹은 토착인이란 단어는 native를 번역한 말이다. 최근에는 토착이란 말이 다소 비하적인 어감이 있다고 해서 현지인이란 말로 대신하는 추세이지만, 본 번역본에서는 당시 분위기를 반영하기 위하여 토착이라는 단어를 그대로 사용한다. 결국은 한국인을 가리키는 것이다.

유능하고 건전해 보이는 교인들 중에서 선발하였는데, 별다른 교육 없이 일을 시작하였으며, 그들이 받은 교육이래야 고작 외국 선교사들과 교제하면서 배운 것 내지는, 간혹 가다 한 주간 동안 있는 특별기도와 공부를 통한 것이 전부였다.

3. 터너 주교가 돌아가신 뒤, 1911년부터 트롤로프 주교 아래서 확장사역보다는 심화사역의 기간이 시작되었다. 구도자들의 쇄도하던 물결이 멈췄는데, 이것은 부분적으로 1910년 한국이 일본에 합병된 것에 기인한다. 이 사건은 한국인들에게는 독립의 상실이 의미했고, 그로 말미암아 의기소침과 인생 전반에 대한 무관심이 야기되었다. 그래서 전도사역 및 목회사역을 공고히 하고, 교리교사와 성직자 교육을 실시하고, 소년·소녀를 위한 기숙학사를 열고, 문서사역을 확장하고, 자립 및 자치의 틀을 짤 시간을 얻게 되었다. 이로써 토착 성직자의 사역의 시작은 기정사실이 되었다.

1910년의 상황을 1916년의 상황과 대략 비교해보면, 위에서 언급한 것의 핵심이 무엇인지 분명해질 것이다. 1910년에는 5군데의 중앙교회가 있었고, 각 교회에는 경우에 따라 크기가 다소 차이 나는 지역이 배당되었다. 지역 주임사제는 자기 밑에 남녀 교리교사 몇 명과 한두 개의 작은 학교를 두었다. 1916년에는 돌봐야 할 마을이나 교인의 수가 괄목할 만큼 늘지 않았고 오히려 세례준비자의 수가 크게 줄었으나, 9개의 공인된 지역이 있고 그중 하나는 한국인 사제가 담당하고 있다. 고용된 교리교사의 수는 다소 늘었으나 사제는 여전히 혼자서 일하고 있다.(원주: 트롤로프 주교가 7명의 사제를 더 요청해서 앞으로 혼자서 일하는 사제는 없게 될 것이다.) 어떤 시골 지역에서는 정부학교[65]를 다니는 남학생을 위한 기숙학사가 기독교 마을학교를 대체하였고, 수도(서울)에서는 고등교육을 받고자 하는 사람들을 돕기 위하여 남녀 각각 하나씩 두 개의 기숙학사를 세웠다. 1910년에는 존재하지도 않았던 신학교가 1916년에 첫 번째 과정을 마쳤고,[66] 머잖아 정식으로 자격을 갖춘 교리교사가 파송될 것이며, 이들은 어떤 경우에는 훈련받지 못한 현직 사역자들을 대체할 것이다. 그리고 기존의 교리교사들 가운데 4명이 서품을 받기 위하여 준비 중이었는데, 현재 2명은 부제요, 1명은 사제이다. 수녀회의 사역은 재조정되었고, 현재 교리교사나 다른 교회사역을 위한 여성 교육이 강조되고 있다.(원주: 제3장 '여성 및 소녀사역'을 볼 것.)

---

65 즉, 일본 식민정부 하의 국공립학교.
66 성 미가엘 신학교 혹은 성 미카엘 신학교. 학교는 공식적으로 1914년에 개교하였고, 본장을 저술한 허지스 신부에 의하면, 첫 번째 과정이 1916년에 마쳤다.

병원은 1910년과 마찬가지로 현재도 두 군데이다.(원주: 제5장 '의료사역'을 볼 것.) 지난 3년간 평가 체제가 유행이었는데, 각 지역은 세례자의 수에 따라 토착성직자부양기금(Native Clergy Sustentation Fund)[67]을 마련하기 위하여 매년 많은 헌금을 상납하고 있다. 지역별 배당 총액은 지역 내 마을들이 각각 스스로 산정한 것이다.

한국교회(조선성공회, 대한성공회의 전신)의 첫 번째 교구회의(Synod of the Corean Church)[68]가 개최되었는데, 의제로는 하위위원회의 자치에 관한 계획안이 포함되었다. 이 위원회를 통하여 최소 단위의 기독교 공동체가 교회의 사역에 발언권을 갖게 된다.

치리 분야에 있어서도 지난 5년간 문제점을 해결하기 위하여 많은 일이 수행되었다. 이런 문제들은 잘 알려진 바와 같이 쉽사리 회피했다가는 나중에 가서 교회의 큰 시름거리가 되어버리고 만다.

이상에서 개략적으로 묘사한 내용은 이 장에서 다루고자 하는 주제와 직접적인 관련이 있는데, 이러한 내용이 훈련 대상자들이

---

67 혹은 교구성직자부양기금(The Diocesan Clergy Sustentation Fund). 이재정 『대한성공회백년사』, 157쪽.
68 교회의 상위 정치구조. 대한성공회의 명칭은 변하였다. 즉 대한종고성교회, 대한성공회, 조선성공회, 다시 대한성공회.

과연 어떤 분위기에서 자라고 있는지, 그리고 신학생들에게 직간접적으로 영향을 미치는 교회의 생활과 사역의 이상들은 어떤 것들인지에 대하여 시사해주기 때문이다.

신학생들은 장차 어떤 목적을 세우고 어떤 문제와 씨름해야 할지에 대하여 크게 괘념하지 않은 채 기꺼이 훈련을 받고자 한다. 한편, 일반 교인들은 외국인들에 의하여 통치되고, 조직되고, 교육되고, 목회되고, 재정적으로 관리되는 것에 너무나 만족해하는 상태이다. 이런 판국이니 자치나 자립의 중대성에 대하여 심각하게 느낄 가능성이 거의 없는 것 같고, 이런 문제에 대하여 분명한 입장을 가진 자국민 성직자의 지도 아래 있어야 비로소 그 중대성으로 깨닫게 되리라.

신학교의 시작. 1910년에 영국에서 한 사제[69]가 신학교를 시작하기 위하여 오겠다고 제안한 바 있다. 그는 한국으로 오는 도중에 실론,[70] 남인도, 중국을 거치면서 그곳의 교육기관들을 방문하였고, 나중에는 일본에도 가서 그곳의 교육기관들을 방문하였는데, 그런

---

69 여기에는 이름이 명시되지 않았지만 그가 바로 허지스 신부이며, 본서의 제1장과 제2장을 서술했다.
70 오늘날의 스리랑카.

가운데 교육의 다양한 방법에 대한 통찰력을 얻게 되었다. 한국에서 첫 3년간은 언어를 배우고, 선교지부(Mission station)들을 이곳저곳 옮겨가며 사역하였고, 그 후 12개월 동안은 새로 설립된 지역을 담당하였다. 이런 식으로 훈련사역, 한국에서의 그밖의 일반적인 사역들, 한국 교인들의 장단점, 교리교사들이 문제에 대처하는 방식 및 그들이 성공하고 실패하는 분야 등에 관한 귀중한 경험을 쌓았다.

첫 번째 성직자. 1914년 1월, 신학교가 조용히 시작되었는데, 부제직을 준비하기 위하여 2명의 고참 교리교사가 학교로 보내졌다. 이 사람들은 6개월 만에 서품을 받았는데, 그렇게 될 수 있었던 것은 그들이 이전에 했던 사역을 통해 어떤 인물인지 이미 밝혀진 덕분이었다. 6개월 정도의 과정으로는 성직을 위한 충분한 준비를 할 수 없다. 2명 가운데 1명[71]은 신학교에 강사가 되기 위해 남았고, 다른 1명[72]은 목회를 위하여 파송되었다. 그들이 서품받기 전에 영국인 사제가 1명 더 훈련사역에 동참할 준비를 하였고, 신학교는 1914년 5월에 공식적으로 축성되어 개교하였는데, 이때 11

---

71 구건조, 구바나바.
72 김희준, 김마가.

명의 신학생들이 교리교사 준비 과정에 허입되었다.

교리교사 훈련 과정을 위한 신입생 선발. 우리 교인들 가운데 대부분은 시골사람들로 주로 농사를 짓는다. 그러나 선발된 신학생들을 보면 단 2명만 농사를 짓다가 왔고, 나머지 가운데 1명은 기독교학교 교사 출신이었다. 그리고 1명을 제외한 모두가 자원봉사자로든 유급직원으로든 교회의 사역에서 어떤 직무를 맡았었고, 그런 가운데 이미 검증된 사람들이었다. 우리 선교부에는 기독교 고등교육기관이 없었고, 서울에 있는 기숙학사는 아직 문을 열지 않았던 때라 이미 공인된 고등교육 제도 아래서 자격을 갖춘 젊은이들을 신학교에 보낼 방도가 없었다. 사실상, 신학생 선발은 개별 교회에서 사역하는 사제들의 조언에 근거하여 이뤄졌다. 여러 경우, 지역에 있는 개별 회중의 견해도 받아들여졌다. 그러다 보니 이런 성격의 추천을 받은 사람 가운데 가장 강력한 추천을 받은 사람이 막상 정규훈련 과정에서 배울 수 있는 능력은 가장 떨어지는 것처럼 보이는 일이 벌어졌다. 신학교 입학 전에 일반시험을 보았고, 아울러 각자 2종류의 서류에 서명해야만 했다. 하나는 자신이 입학하기를 원하며, 훈련 과정이 곧 교회가 장차 자신을 고용하리라는 보증이 아니라는 것을 분명히 이해하고 있다는 진술서이다. 다른 하나는 만일 빚이 있을 경우, 그것을 기록하는 것이었다. 신학생들의 평균 연령은 26세였으며, 20세가 1명, 40세가 1명 있었는데, 이들이 각각 최연소자와 최연장자였다. 최연소자는 유일한 미혼자였으며, 최연장자는 존경받는 유학자였는데, 두 학기 후에는 자퇴하였다. 이 밖에 교회가 자신과 가족을 전적으로 후원하지 못할 경우, 농사를 질 수밖에 없다고 탄원했던 농부 출신의 젊은 신학생이 1명 있었는데, 그도 함께 자퇴를 하였다.

경비. 단 한 명만 전적으로 자립을 하였다. 나머지는 학교에 기거하는 동안 숙소를 무료로 제공받아야 했고, 대부분의 경우 가족을 보러 집에 갈 때 여비를 요청하였다. 기혼자 신학생들의 경우 가족과 함께 학교에 기거하는 것은 고려되지 않았다. 여비의 요청은 가능한 한 공정하게 처리되었고, 신학생들의 가족수당 및 신학생들 자신의 방학 동안의 생활수당은 분기마다 그가 살고 있는 곳의 주임사제에게 송금되었다. 신학생들은 그 수당에서 자신들의 피복비 및 용돈을 써야 했고, 빚이 있는 경우에는 이자로 매달 수당에서 상당액이 지출되었다. 돈을 직접 신학생들에게 주는 일은 없었으나 여비는 예외였다. 실험적으로 용돈을 직접 주기도 했는데, 결과가 만족스럽지 못해서 한 학기 후에 중단되었다. 식사는 신학교 근처에 사는 2명의 교인들 가운데 1명의 집에 가서 해결하였고, 식비는 학교 측이 직접 지불하였는데, 쌀의 시장가격에 따라 다소 유동적이었다.

신학생들은 자기 집에서 사는 것과 마찬가지로 살았으며, 자기 숙소에서 필요한 가사(家事)도 해야만 했다. 그리고 책걸상도 없이 교사의 발밑 방바닥에 앉아 수업을 받았고, 어느 정도는 자신들의 공책을 스스로 만들었다.

건물. 신학교 건물은 강화읍에 소재한 선교부 단지 내 건물 몇 채를 동원하였다. 여학교로 사용되던 작은 한옥 한 채, 사용하지 않던 당나귀 마구간 한 곳, 그 밖의 외곽 건물 몇 채를 개조하였고, 여기에다가 한옥으로 된 사제관의 작은 방 몇 개를 추가해서 숙소 및 화장실 용도로 사용하였다. 한옥으로 된 낡은 인쇄실을 수리하여 예배당 및 강의실 겸용 방으로 꾸몄고, 칸막이를 설치하여 필요하면 제단을 가리도록 하였다. 따라서 신학교를 위한 총 건축비는 얼마 되지 않았다. 그러나 독립된 예배당 건축을 위한 비용을 따로 떼어놓았다는 것을 언급해야만 할 것 같다.

이 일을 위하여 수중에 들어온 기금은 3천 파운드로, 해외복음전도협회[73]가 범성공회 감사헌금(Thank-offering)[74]에서 기부한 것이다. 기금의 원금은 건드리지 않고 일본계 은행에 정기예금으로 예치하였으며, 이자로 신학교의 유지에 드는 비용 및 기타 소소한 경비를 충당했다. 신학생당 지원금은 연간 10파운드에서 20파운드인데, 가족수당 및 여비의 필요 여부에 따라 차이가 났다. 그런 경비는 영국에 있는 교회구 교회나 개인들이 보내준 임시 헌금과, 기독교이해증진협회가 보내준 장학금 명목의 50파운드로 충당된다. 기독교이해증진협회 장학금은 매년 재조정된다. 이러한 특별 헌금이 부족할 경우에는 위에서 언급한 3천 파운드 원금에서 나오는 이자로 충당한다.

이런 상세한 내역들을 장황하게 늘어놓는 것에 대하여 굳이 변명할 필요는 없을 것 같다. 이런 구체적인 사실들을 알면, 토착인 사역자들을 훈련함에 있어서 단순하고도 경제적인 분위기를 추구해야만 한다는 점을 납득하게 될 것이다. 이것은 서양식의 웅장

---

73 해외복음전도협회는 원래 영국 식민지의 식민자들의 목회를 위한 선교기구로 발족되었으며, 후에는 다른 나라의 선교를 위해서도 사역하였고, 신학적으로는 고교회적이다. 이 선교회는 영국성공회 내 복음주의자들이 주축이 된 교회선교회와 더불어 영국성공회 내 선교회의 양대 산맥을 이뤘다. 이 선교회는 후에 1965년 대학중앙아프리카선교회와 합병하여 연합(해외)복음전도협회를 이루었고, 1968년에는 케임브리지델리선교회가 이에 참여하였다.

74 혹은 범성공회원 모금(Pan-Anglican Grant). 이재정 『대한성공회백년사』, 119쪽.

한 건물들을 세우고, 신학생들이 장차 사역하면서 처하게 될 환경과는 동떨어진 조건 가운데서 그들을 훈련시키는 것과는 전혀 다르다. (혹시 이처럼 조건을 제대로 갖춘) 두 번째 방식의 계획이 효율성 차원에서 필요하지 않느냐는 주장도 있는데, 한번 따져보기로 하자. 효율성이란 상대적인 용어이며, 훈련이 이뤄지는 상황이 어떤 경우에는 단순하고 자연스럽고 효과적이지만, 다른 경우에는 매우 해로운 요소가 될 수도 있다. "토착인들의 눈에는 어떻게 보일는지?" "이것이 토착인들의 마음에 어떤 인상을 남길 것인지?" 등의 질문들은 외국인으로서는 계속해서 자문해야만 한다. 외국인 사역의 가치는 그가 토착적인 시각을 파악하는 능력, 그런 시각으로부터 배워 자신의 유익을 위하여 사용하는 능력, 그리고 그에 따라 사역 방법을 재조정하는 능력에 크게 비례할 것이다. 토착인 교리교사와 성직자를 훈련함에 있어서, 만일 하느님의 교회에서 섬기는 일이 필연적으로 수고와 검약의 삶보다는 매우 편안한 삶으로 이어진다든지, 교회사역에 있어서 경비 절감 같은 것은 고려할 필요가 없다든지 하는 생각들을 신학생들의 마음에 불러일으킨다면 그런 훈련은 전혀 효율적일 수 없다. 자, 외국인 선교사에게는 그의 재량대로 쓸 수 있는 무제한의 기금이 있다는 생각이 널리 퍼져 있다. 만일 선교사가 상대적인 화폐 가치를 파악하지 못한 채 돈을 나눠주거나 사용하다면, 그런 생각은 누구에게라도 쉽사리 생겨날 수 있다. 또한 어쨌거나 이런 생각은 한국인의 마음에 이미 확고하게 자리 잡았기 때문에 신학교에서 이런 생각을 더욱 조장한다면 개탄하지 않을 수 없다. 바라기는 신학생들이 가장 단순한 한국식으로 외국인 교사와 같은 선교부 단지 내에서 살면서 어떤 마을에서건 봉착하게 될 조건 가운데서 외국인 교사에게 교육을 받는다면, 그들은 자신들 안에 봉사에 대한 바른 이상을 형성할 것이며, 교회에 고용되는 것을 많은 월급과 보다 높은 수준의 삶을 누리는 자리에 발탁되는 것으로 보는 경향에 대하여 반대할 것이다.

장소. 신학교는 강화도에 설립되었다. 그 도시—성곽으로 둘러싸인 작은 읍을 가리키기에는 다소 야심찬 용어이기는 하지만—안에 선교부는 이미 그런 목적을 위하여 사용하기에 충분한 건물들, 인근에 위치한 매우 장중한 교회 건물, 활기찬 교회생활, 거기에다가 적당한 정도로 조용하면서도 격리된 분위기를 확보하고 있었다. 신학교는 (수도인) 서울이 국민생활 및 교육의 중심지인 만큼 반드시 그곳에 있어야만 한다는 주장이 있었다. 사람들에게 서울에 살거나 그곳에서 교육받는 것보다 더 큰 혜택은 없다는 입장이다. 세속 교육을 받을 기회나 한국이란 세상의 중심에서 새로운 사상을 접할 수 있는 기회가 많다는 것은 인정해야 하겠지만, 대도시에서 살면서 겪게 되는 산만함과 유혹이라는 문제가 그 장점을 상쇄하였다. 뿐만 아니라 서울의 경우, 우리 교회의 생활이 매우 빈약하고, 건물들도 아직 보잘것없다는 사실 역시 부정적으로 작용했다. 그 말은 굳이 장소를 서울로 택할 경우, 결국 건물 건축에 많은 돈을 써야 한다는 것을 의미했다.

강화에서 2년간의 실험 기간을 보낸 결과, 신학교를 시골 외딴 곳에 설립한 것이 잘못된 정책이었다는 점을 암시하는 것은 아무것도 없었다. 더구나 거의 모든 신학생들의 미래의 사역 역시 시골 지역에서 이뤄지게 될 것이다.

교과 과정. 신학생들의 지적 능력은 대부분 괜찮은 것으로 판명되었다. 하지만 사고하려는 의욕이나 사고력의 측면에서는 처음에는 신학생들 간에 거의 차이가 없었고, 모두가 안타까울 정도로 부족했다. 재미있는 사실은 한국적인 관점에서건 혹은 다른 어떤 관점에서건 간에 전혀 교육받지 못한 농부가 한 명 있었는데, 그는 교사 출신 신학생과 마찬가지로 학습에 진도를 보였고, 따라서 한문 교육 이외에는 학급을 별도로 나눌 필요가 없었다. 이 점을 제대로 설명하려면 한국인들이 교육을 어떻게 이해하고 있는지 알아둘 필요가 있다. 일반 지식에 있어서는 모든 사람들이 동일하게 무지하다. 하지만 소위 교육받은 사람들은 한문 고전에 대하여 다소간의 지식을 가지고 있다. 그렇다고 해서 그가 한문 고전을 사려 깊게 읽었다거나, 한문 고전에서 지적 발달의 수단을 발견했다는 이야기는 아니고, 다만 그가 어떤 수준의 책까지 읽어나갔다는 이야기다. 보통 한문 고전은 어떤 정해진 순서에 따라 읽어 나가게 되어 있다. 하지만 한문 지식은 나름대로 유익하기도 한데, 한문이나 일본어로 된 신학서적 및 기타 서적을 읽는 데 도움이 된다. 한자는 한국어 문어와 마찬가지로 일본어 문어에도 대단히 많이 들어가 있다. 한글로 된 책은 가치 여하를 막론하고 부족하기 짝이 없고, 그래서 우리 신학생들이 마음껏 사용할 수 있는 작은 장서는 실제로 한문이나 일본어로 된 서적들로 채워져 있다. 토착어 즉 한글로 된 교재는 하나뿐인데 바로 성경이며, 번역이 잘된 부분도 있고 잘못된 부분도 있어 그 가치가 들쑥날쑥하다.

토착어로 된 도서가 없고, 신학생들이 한 주제를 가지고 혹은 한 주제에 대하여 연구하는 능력도 부족하여 구술 교육과 칠판 사용에 의존할 수밖에 없었다. 그래서 교과서나 주석은 신학생들 스스로가 기록하는 초고의 형태로 만들어졌다. 이것은 매우 더던 과정으로 신학생들은 필기를 하는 데 익숙지 않은 반면, 교사는 학교에서 사용되는 유일한 언어인 한국어가 유창하지 못한 탓에 더 이상 빨리 진척되기도 어려웠다. 신학생들은 자기를 표현하는 것에 대해 매우 어려워했는데, 전달되는 생각이 낯설거나 마땅한 기독교 용어가 없기 때문이었다.

첫 번째 과정은 18개월에 걸쳐 진행되었고, 1년을 3학기로 나누었는데, 그것은 더운 장마철도 고려하고, 신학생들이 가족들을 가끔 방문하되 그 간격이 너무 길지 않도록 하려는 이유에서였다. 공부한 내용은 주로 다음과 같다. 신구약 개론, 창세기 및 출애굽기 일부, 그리고 마가복음 일부. 다만 마가복음은 과정 내내 계속 배웠으며, 복음서 일치합본[75]과 더불어 공부했다. 이 밖에 폭넓게 교육을 받았다. 즉, 바빌론 포로기[76] 이후의 유대역사, 콘스탄티누스 대제까지의 초대교회사, 목회학, 교육학, 기초 산수, 부기 약간, 그리고 소묘 등을 배웠다.

한국인 부제[77]가 한문 고전과 쉬운 한자를 가르쳤고, 신학생들과 함께 '기독교와 유교의 비교'에 관한 책을 읽었다. 신학생 중 한

---

75 마태, 마가, 누가 등 공관복음서, 혹은 요한복음을 포함한 4복음서의 내용 가운데 차이가 나는 부분을 조정하여 재구성한 복음서 종합물.
76 유대가 바빌로니아에 망한 뒤 유대민족 중 귀족 등 일부가 바빌로니아로 끌려간 사건.
77 구건조.

명[78]이 일본어를 신학생들에게 가르쳤다.[79]

신학생들에게 너무 많은 강의를 하지는 않았으나 신학생들의 자습 시간은 공책을 정리하는 것 이외에는 별로 유익하지 않았던 것 같다. 종종 시험을 보았고, 소논문을 쓰는 훈련도 시도했다. 이 논술 훈련은 독창적인 사고와 문학적인 표현을 기르기 위한 것이었다. 1년간 공부한 뒤, 외부 시험관이 낸 문제를 가지고 일반시험을 보았는데, 그 결과는 만족할 만했다. 아마 교육학이 가장 어려웠던 것으로 기억된다. 교의학과 성례론은 비록 경건 시간의 강론에서 다루긴 했지만, 정식 강의를 위한 과목으로는 채택되지 않았다. 신학생들은 교의학과 성례론에 대해서는 기초가 아주 튼튼했는데, 세례 교육을 받으면서 혹은 그들 중 많은 사람들이 다른 교인들에게 수업을 가르치면서 알게 되었을 것이다. 성경을 경건을 위하여 사용하고 지적으로 해석할 수 있으려면, 훈련이 필요하다는 것은 분명한 사실이다. 한국인들은 경전을 기꺼이 읽으려 하고, 그 가운데서 신비한 의미를 찾아내는 데 많은 관심을 가진다. 하지만 성경의 실제적인 이해에 있어서는 진보(進步)가 부족하다. 그러나 놀랍게도 한국인은 기독교를 실천하는 것과 기독교의 윤리

78 홍경유, 홍모이서.
79 김희준도 유대 역사를 강의하였다.

를 긴밀하게 연결시키곤 하는데, 유교 덕분에 한국인은 암기를 잘
하고, 멋진 격언을 적절하게 인용해온 까닭이다. 비록 그 격언의 실
제적인 적용에 대해서는 별로 심각하게 고려하지 않지만 말이다.
또한 법 혹은 공인된 관습을 국민 전체가 대단히 숭상하는데, 그
로 인하여 종교에 있어서 형식성이 강조되기도 한다.

훈련. 규칙적인 기도생활이 매우 중시된다. 감사성찬례, 아침기
도,[80] 저녁기도, 중보기도[81] 및 감사기도를 드리는 6시 기도,[82] 그리
고 종도[83] 등을 예배당에서 매일 드리며, 주일과 성일에는 교회에 간
다. 매일 아침 30분간 예배당에서 묵상을 하도록 시간이 배정되어
있으며, 이 시간에 종종 묵상과 더불어 침묵기도를 드리기도 한다.
또한 이 시간에는 최소한 부분적으로라도 출석하는 것이 부득불 의
무 사항이 되었다. 오직 소수의 한국인만이 자기 훈련을 실천하며,
더구나 신학생들이 혼자 나가서 사역을 하면서 개인기도를 게을리
할 위험성을 내다본다면, 기도의 습관과 삶의 규칙을 형성하는 데

---

80 조도.
81 대도, 즉, 남을 위하여 대신 드리는 기도. 기도에 대하여 다양한 명칭이 나오는데, 다음과
　같이 정리해볼 수 있다. 감사성찬례, 아침기도, 저녁기도, 6시 기도, 종도 등은 예배 및 기
　도회에 대한 명칭이다. 이에 비해 대도, 감사기도 등은 기도의 형태 내지 내용을 가리킨다.
82 한낮 기도 혹은 제6시과.
83 하루를 마치는 마지막 기도, 종도과.

도움을 주기 위해서라도 강제 동원하는 것도 좋은 방책일 듯싶다.

매주 예배당 및 강의실 관리와 예배를 책임질 성물 관리자를 선정하는데, 이 일은 제의와 예식에 관한 훈련 및 하느님의 집을 관리하는 훈련을 포함한다. 이 일이야말로 꼭 필요한 훈련이다. 한국인은 본성상 예식을 매우 중시하고 좋아하면서도 무심하고 단정치 못하다. 예를 들면, 한국인은 마루를 열심히 비질하면서도 높은 곳에 수북이 쌓인 먼지나 거미줄은 그냥 내버려두고, 쓰레기 등은 편리한 구석, 가령 제단 밑 같은 곳으로 슬쩍 쑤셔 넣는다.

훈련에는 육체노동도 포함된다. 운동 경기는 영국에서처럼 효과를 발휘하지 못하며, 그래서 오후 시간은 목공이나 기타 선교부 단지 내의 사역을 하며 보낸다. 화단과 채소밭, 포석을 깐 길, 철조망 울타리 등을 보면, 신학생들이 정말 열심히 재주껏 일한 것을 알 수 있다. 이런 일 가운데 어떤 것은 다소 미천한 일이기도 하다. 신학생들은 "건전한 육체에 건전한 정신(Mens sana in corpore sano)이 깃든다"는 격언에서 뭔가 깨닫도록 교육받는다. 그러나 그것은 쉬운 일이 아니다. 한국의 학자는 육체노동을 무시하며, 자신의 우월성의 증거로 작은 손가락의 손톱을 길게 기르고 있고, 또한 생활의 틀 가운데 운동을 포함시킬 필요를 느끼지 않는다. 반드시 지켜야 할 하루 일과를 보여주는 시간표가 있다는 사실 자체, 그리고 소등 및 소등 후 침묵 등의 규칙은 분명코 신학생들을 놀라게 했을 것이다. 동양인들은 탁월하다고 할 만큼 시간에 아랑곳하지 않고 밤낮없이 아무 때나 수다 떨기를 좋아하는데, 신학생들도 그것에 길들어져 있다.

바라던 바대로 그런 일정과 훈련으로 인하여 신학생들 가운데 몇 사람이나마 생활 규칙이, 특히 시간을 마땅히 소중하게 여기는 것이 가치 있는 일이라는 것을 배울 수 있었다. 그리고 이로 인하여 신학생들을 다루기가 훨씬 쉬워졌다는 것도 분명하다. 어쨌거나 신학생들은 스승에 대한 전통적인 존경심을 지니고 있으며, 기꺼이 배우고 따르려고 한다. 또한 일종의 '단결심'이 자라서 한국인들의 뿌리 깊은 약점인 파벌 근성에 진정으로 항거하는 모습을 보는 것은 흐뭇한 일이 아닐 수 없다. 하지만 만일 신학생들을 순전히 한국인 교사에게만 맡긴다면, 설사 정해진 생활 규칙과 최상의 의도를 지닌다고 하더라도 신학생들은 얼마 못 가 규칙은 지키지만 그 의도를 무시하게 되고 결국 난장판이 되고 말 것이다. 외국인이 신학교 운영에서 물러날 수 있는 날은 아직 오지 않았다.[84]

84 영국인 선교사의 온정주의적 태도를 엿보게 하는 표현이기도 하지만, 사실상 선교사역에서 일반적으로 가장 늦게까지 지속되는 사역이 신학교 사역이다. 이것은 오늘날 한국 교회가 참여하는 세계 선교에서도 유사한 상황이다.

종교 체험. 신학생들과 사적인 대화를 나누는 것은 실망스럽다. 신학생들 생각 가운데서 토론할 만한 가치가 있는 것을 발견한다는 것은 거의 예외적인 일이기 때문이다. 이것을 단지 동서양의 사고와 언어의 차이나 외국인 사제의 이해심 부족 탓으로만 돌릴 수는 없는 노릇이다. 신학생들의 종교적 체험이 깊지 못하고, 실제 이야기할 만한 것이 별로 없어서 말하지 않는다는 점도 인정해야 할 것이다. 그것을 인정할 때 비로소 한국인 교인들의 한계에 대해서, 혹은 우리가 그들의 정신 속으로 들어가서 그들의 입장을 이해하는 데 실패한 것에 대해서 더 잘 알게 된다. 분명한 사실은 새로운 개종자들에게 책임을 부여하고 기회를 잡을 수 있게 해주려는 것은 확실히 칭찬받을 만한 바람이지만, 그로 인하여 자칫 그들에게 너무 많은 것을 기대하며 너무 많은 것을 맡기게 된다는 것이다.

이 신학생들은 모두 1세대 교인들이다. 그들이 세례 받은 후, 신학교에 오기까지의 기간은 평균 6년이다. 그들의 배경에는 기독교 전통이 전혀 없으며, 그들 주변에도 기독교 전통이 널리 확산되어 있지 않다. 그들은 탄복할 만큼 단순한 신앙의 소유자이며, 자신들이 단순하게 배운 것을 또한 단순하게 가르칠 것이다. 어쨌거나 시골마을에서 필요한 것은 단순한 가르침이요, 신자들이 은혜의 수단[85]에 의존하며 건전하게 살아가는 가운데 그들의 삶으로 보여주는 증거이다. 신학생들은 아직 신앙의 깊은 경지에 이르지 못했고, 신앙에 대해서도 별로 생각하지 않는다. 그래서 뭔가 속에서부터 내놓을 만한 것이 거의 없다. 그런데 여기에다가 위험스러운 달변의 은사가 더해졌으니, 왜 많은 교리교사들의 강론과 즉흥 기도가 그리도 천박하면서 수다스러운지를 잘 설명해준다. 유교는 한국인들에게 강력한 종교적 확신을 제공하지 못했으며, 그래서 한국인들은 심사숙고한 뒤 유교로부터 기독교 신앙으로 전향한다. 한번 기독교와 유교(혹은 불교)에 대한 소논문을 쓰라고 해보라. 그러면 신학생들의 글에서 별로 읽을 만한 것이 없다. 유교는 일반적으로 말해, 한국에서 소수의 사람들에게는 벼슬이나 학자로서의 명성을 얻고자 한문 고전을 공부하는 것을 의미하며, 일반 대중에게는 바른 예절과 예식에 관한 정형화된 형식을 보전하는 것을 의미한다. 영적인 열망은 제대로 지도받지 못한 채 방치되어왔으며, 따라서 이런 열망은 가장 원시적인 형태로 표출된다. 도깨비나 귀신에 대한 두려움이 어디에나 퍼져 있다. 짚이나 종이로 된 제물을 걸어놓은 돌무덤이나 신목, 마을을 지키는 괴기한 나무로 된 얼굴,[86]

---

85 교인이 영적인 은혜를 받는 수단으로는 대표적으로 성례가 있다. 개신교의 경우에는 설교도 중요하다.

86 장승.

그 밖에 그와 유사한 수많은 원시적인 미신의 상징들을 어디 가나 마주치게 된다. 그리고 무당과 박수가 매우 성행하고 있다. 불교가 이 나라를 위해서 무엇을 했는가는 말하기 어렵다. 약 6세기 동안 불교는 공식적으로 금지된 종교였고, 남승과 여승은 최하위 계층으로 격하되었으며, 절은 도성 내에서 금지되었다. 불교가 영적인 혹은 종교적인 세력으로서 현재 지니고 있는 영향력은 고려할 만한 가치가 없다. 비록 불교의 부흥이 일본인들을 통해서 일어날 수도 있지만 말이다. 이러한 격세유전(잠재했다가 재기하는 전통 종교들)[87]이 사람들을 확고히 붙잡고 있으며, 기독교에 대해 분명한 장애가 되고 있다. 하지만 이 장애는 영적 체험과 관련된 것이라기보다는 두려움과 관련된 것이다. 즉, 기독교인이 됨에 따라 전통 의례를 소홀히 할 수 있는데, 자칫 그로 말미암아 여론을 거슬러서 사람들이 자신의 가족을 모함하거나 가해하는 일이 벌어지지나 않을까 하는 두려움 말이다.

그러니 신앙을 진지하게 받아들이는 것이 곧 종교 체험의 심오성을 의미하지 않는다고 해서 놀랄 것은 없다. 물론 진정한 영적 감수성을 지닌 기독교인들이 존재하기는 하지만 말이다. 그래

---

87 격세유전은 문화적인 측면에서는 보다 원시적인 경향이 다시 나타나는 것을 가리킨다.

서 신학교에서 기도와 묵상을 가장 강조해야 할 필요가 더더욱 있다. 또한 교수들은 인내심을 가지고 성령께서 신학생들의 마음과 생각을 움직여 정말로 중요한 것들에 대하여 논할 수 있게끔, 그들이 점증되는 영적 통찰력과 열망을 향해 나아가기를 기다려야 할 필요가 있다. 그런 움직임은 반드시 일어날 것이다. 신학생들은 진지하게 그리고 어린이 같은 믿음을 가지고 기도하며, 기도와 회개에 있어서 심오해지고자 진정으로 애쓰고 있다. "당신은 왜 기독교인이 되었나?"라는 질문은 누구라도 인정하듯이 어려운 질문이다. 그런데 이 질문에 대한 답변을 살펴보면, 이상에서 언급한 내용에 대한 실례를 얻을 수 있다. 신학생들 중에서 그들이 쓴 글이나 작문 시간 이후의 개인적 대화 가운데서 자신이 구도자가 된 것이 죄의식 때문이라거나, 유교 혹은 그 밖에 기독교가 아닌 다른 종교에 대한 불만 때문이었다고 이야기한 사람은 없었다. 한 신학생은 기독교인이 된 친구에게서 나타난 삶의 변화를 주목하게 되었고, 그것에 감동을 받았다고 했다. 그러나 다른 한 신학생은 이보다 더 깊은 음정을 건드렸다. 즉, 더 심오한 차원의 것을 언급했다. 자기 어머니가 별을 향해 기도하는 습관을 가졌는데, 그것을 보고 자신도 언덕에서 비슷한 행동을 하게 되었으며, 마침내 기독교 예배에 우연히 참석했다가 기도에 대하여 더욱 많이 생각하게 되었고, 과연 기독교인에게 기도란 어떤 의미인지 알아보려는 바람이 생겼다는 것이다.

목회사역. 매년 교리교사를 위한 가을학교가 개설되는 동안, 신학생들은 목회사역에 동원된다. 자세한 내용은 다음과 같다. 신학생들이 학교에 기거하는 동안에는 강화읍 교회에서 실습을 하며, 그들 중 한 명은 한국인 부제와 함께 인근 마을에서 아주 성공적인 사역을 했다. 그러나 본격적인 목회사역은 훈련의 첫 번째 과정에서는 정규과목이 아니다. 신학생들은 이미 신학교에 입학하기 전에 어느 정도 이 분야에 있어서 검증되었으며, 또한 신학생들이 다른 사람들을 가르치려고 떠나기 전에 교사로서 스스로를 조심스럽게 준비해야 할 필요성에 대해 잘 인식하고 있다. 실습 및 시험이 뒤따르게 되고, (1916년의 경우) 신학교에 강의가 없는 동안 신학생들이 임시 교리교사로서 혹은 사제의 조수로서 파송되어 실제 사역을 어떻게 하는지 검증받고 지도받고 주시된다. 그리고 만족할 만하다고 입증된 사람들은 교리교사 자격증을 받기 전에 추가 훈련을 받기 위해 신학교로 복귀한다.

지도하고 주도권을 갖는 능력. 훈련의 목적은 분명히 주도권과 책임감을 계발하고, 신학생들이 운영 능력, 사고와 문학, 설교와 기도에 있어서 지도자 감이 되도록 만드는 것이다. 외국인 선교사 입장에서는 본국의 기독교 방법과 표현들을 새로운 선교지에 이식하는 것이 너무나 쉬울지 모른다. 선교사들이야 그것들에 대해 본국에 있을 때 너무나 익숙했겠지만, 그것들은 본국에서만 가치가 있을지 모른다. 선교사가 그런 식으로 이식할 경우, 그와 같은 재앙에 대하여 토착인은 즉각적으로 반발을 표출하지는 않을 것이다. 토착인은 자기에게 주어진 바를 수용하고, 나아가 외국인을 모방하며, 자기가 배운 바를 재생산한다. 이런 과정에서 그는 어떠한 문제 제기나 새로운 제안을 제시하지 않을 것이다. 토착인은 본성상 확고한 지도자가 되거나 독창적인 입장에서 새로운 안을 내놓지는 않는다. 한국어에는 개인이란 개념은 발달되지 못했다. 한국어가 인칭대명사를 다루는 데 얼마나 서툰지를 한번 보라. 오히려 한국인은 부족이나 민족의 일원으로서 행동하고 사고한다. 물론 바로 여기에 교회가 한몸이라는 의미를 십분 이해할 수 있는 능력과 충성심과 가능성의 진정한 근거가 놓여 있다. 한국인은 열정적이고 충동적이어서 꾸준히 집중적으로 관심을 쏟는 일은 힘들어 한다. 한국인은 수동적인 성격을 지니고 있는데, 그것으로 인하여 감성적이며 쉽사리 과로하여 균형을 잃는다. 그래서 부흥회 성격

의 운동들이 예상되며, 이에 대해서는 한국과 관련하여 이미 회자
된 바 있다. 그러나 이런 운동들은 외국인이 아주 조심스럽게 지도
하고 조절하지 않는 한 불행한 결과를 낳을 수 있다. 한국인은 명
랑하지만 어려움 앞에서는 쉽사리 굴복하는데, "오! 하지만 상관없
어"라는 말을 입에서 툭 내뱉곤 한다.

따라서 한국인은 어떤 때는 책임감과 주도권을 갖기를 주저하는
가 하면, 어떤 때는 조심성 없이 흥분해서 앞장서서 내달리기도 하
고, 어떤 때는 그에게 주어진 권력을 남용하기도 한다. 그는 엄격한
규율 준수자가 아니며, 종종 재정적인 문제에 있어서 어처구니없는
사람이 되기도 한다. 그는 한국어에 대중들이 이해할 수 있는 문어
체의 말이 없는 탓에(이것은 주로 선교사들의 노력으로 현재 만들어가고
있는 중이다) 문학적인 측면에서 장애를 느낀다. 그래서 그에게는 작
문할 때 자기 표현을 하는 것이 정말 큰 어려움이다. 하지만 모든 한
계에도 불구하고 그는 매력적인 동반자요, 충실하고 많은 면에서 예
외적일 정도로 유능한 동료이다. 그는 온유와 예의에 있어서 탁월하
며, 옳고 좋은 습관이라고 확신한 것에 충실하고, 인내와 참을성이
많다. 그리고 하느님께 감사할 것은 선교부의 첫 번째 토착인 사제[88]

---

88 김희준.

는 참된 지도자요, 외국인들이 지지와 인도함을 받고자 그에게 손을 내밀기까지 한다. 그는 1897년 우리 선교부에서는 첫 번째로 세례 받은 사람이요, 1915년 첫 번째로 사제가 된 사람이다.

겨우 18개월 혹은 그보다 다소 긴 기간 동안 훈련받은 신학생들 가운데는 스스로 사고하기 시작하는 사람들이 있고, 그들 중 두 명은 작문에서 자기 표현을 하는 법을 원하기도 하고 그럴 능력도 엿보였다.

첫 번째 과정 내내 학교에 기거했고 이제는 실습을 통해 검증받고 있는 아홉 명의 신학생들이 있는데, 이들 가운데 서너 명은 자격증을 갖춘 교리교사, 혹은 차부제(sub-deacon)[89]가 되기 위한—차부제라는 제도가 복원된다면 말이다—추가 훈련을 받기 위하여 신학교로 복귀하게 될 것이다. 학교로 복귀시킬 만하다고 여겨지지 않는 신학생들은 더 이상 훈련 받느라 고생할 필요가 없으며, 마을의 지도자 내지 학교 교사로 활동하거나 어떤 일상적인 직업으로 돌아가게 될 것이다. 예를 들어 한 신학생은 목공 기술이 아주 늘었는데, 그에게 큰 도움이 될 것이다.

학교로 복귀한 소수의 신학생들과 이전에 구식으로 교리교사가

---

89 현재 대한성공회에는 이 제도가 있다.

된 사람들 가운데 몇몇 사람은 부제나 사제가 되기 위하여 정식 과정에서 훈련을 받을 만하다.

성직 수임 후보자 및 현직 교리교사 훈련. 신학교는 교리교사가 되기 위해 훈련을 받는 신학생들 이외에 현직 교리교사도 가르쳤다. 이들 가운데 두 명은 앞서 말한 바와 같이 1914년에 서품 받은 부제이며, 그중 한 명이 시골 지역에서 아주 잘 봉사하고 신학교에서 최종 4개월을 보낸 후에 사제로 승격되었다. 다른 두 명의 교리교사가 1915년 허입되었고, 1년간의 특별훈련 뒤에 한 명은 부제로 서품 받고, 다른 한 명은 건강상의 이유로 도중하차하였다.

교리교사와 성직자의 교육은 동시에 한곳에서 이뤄졌다. 이 두 부류의 신학생들을 굳이 나눠야 할 이유는 전혀 없었다. 성직 수임 후보자들이 다른 부류, 즉 교리교사에게 좋은 영향을 미쳤고, 대부분의 교육 내용은 한 부류뿐 아니라 다른 부류에도 필요했으며, 성직 수임 후보자들에게 필요한 특별 학습을 위해 시간을 조정하는 데도 아무런 어려움이 없었다.

뿐만 아니라 신학교는 두 가지 측면에서 즉각적으로 전도사역을 도왔다. (1) 매 9월마다 모든 임시 교리교사와 기타 몇몇 사람들을 위하여 가을학교를 개설하였다. 정규 신학생들은 방학 중이라 필요할 경우 한 달간 교리교사의 자리를 채울 수 있었다. (2) 교장이 또한 그 지역 주임사제였다.

또 한 가지 언급할 만한 사실은 기독교학교 교사 훈련은 시급한 문제가 아니라는 것이다. 우리 학교는 그 수가 적은 데다 필시 더 줄어들 것이고, 시골 기숙학사로 대체될 것이다. 이는 정부가 1925년부터 모든 학교에서 어떠한 종류의 종교 교육도 할 수 없다고 통보하였기 때문이다.

요약. 이상에서 다룬 실험 가운데 몇 가지 점은 주목할 만하다. 곧 한국에 존재하고 있는 상황 아래 이뤄지고 있는 실험 말이다.

1. 불과 5, 6천 명 되는 작은 기독교 공동체의 제1세대 기독교인들 중에서 사제직에 오를 수 있는 사람을 찾을 수 있다. 이에 대한 계획은 이미 어느 정도 교회사역에서 검증된 사람을 선발하여 2년간 훈련하고, 그 후 1년간 실습을 통해 검증하며, 교리교사로서 자격증을 받기 위한 추가 준비를 받을 만한 사람들은 학교로 복귀시키는 것이다. 이들 교리교사는 좀더 나이가 많고 원래 정규 훈련을 받지 못한 부류도 있고 신학교에서 자격증을 취득한 부류도 있는데, 이들 가운데서 성직자가 될 후보생을 선발한다.

2. 지도자가 될 만한 재목은 가까이에 있다. 만일 사람들을 과

감하게 뽑아 훈련하고 검증하고 가려낸다면 말이다. 아울러 퇴출될 확률이 매우 높다는 사실도 직면해야 할 것이다. 하지만 신학교에서 퇴출된 사람들도 마을의 지도자나 학교 교사로서 교회에 매우 유익할 수 있다.

3. 교리교사와 성직자는 함께 훈련받으며, 방금 위에서 언급한 것처럼 원래 의도한 바는 아니지만, 학교 교사도 함께 훈련을 받게 된다.

4. 비록 사제가 될 사람은 먼저 교리교사로, 이어서 부제로 봉사한 사람 가운데 있을 가능성이 높지만, 부제직을 단순히 사제직에 이르는 과정으로 여겨서는 안 될 것이다. 마치 교리교사가 되는 것이 단순히 부제직에 이르는 한 단계에 불과한 것이 아닌 것처럼 말이다. 한 가지 직분은 잘하는 사람이 다른 직분은 잘 감당하지 못할 수도 있는 것이다.

5. 시골의 회중 가운데서 사역할 경우, 굳이 고등교육을 받은 사제를 기다릴 필요는 없다. 비록 신학생들이 고등교육기관의 졸업장을 받지 못했지만, 그들은 존경을 받고 있다. 신학교 과정이 매우 명망이 있기 때문이다.

6. 신학생의 평균 연령은 20세가 훨씬 넘는다.

7. 설비 및 운영에 많은 돈을 지출하는 것이 반드시 효율적인

것은 아니고, 만일 그런 지출로 인하여 토착인들의 마음에 삶의 단순성과 교회사역의 경제성과는 반대되는 것을 연상시킨다면, 오히려 해가 될 것이다.

8. 정기적인 육체노동은 훈련의 가장 필수적인 분야 가운데 하나이다.

9. 생활과 사역의 체계가 일단 갖춰지게 되면, 외국인 교사가 정신적 능력을 쓸 일은 그리 많지 않다. 토착어로 사상을 표현하는 것은 아마 끝까지 결코 쉽지 않을 것이다. 그러나 학교에서 가르치는 일 자체는 단순하고, 각 과목의 해당 분야도 서서히 다뤄나가면 되기 때문에 몇 시간 정도만 강의안을 잘 준비하면 한 학기분에 해당하는 자료를 갖출 수 있을 것이다. 이로 인하여 외국인 사제는 지역을 담당하기 위한 시간을 확보할 수 있게 된다. 이것은 사제 자신에게도 좋을 뿐 아니라, 사제가 원할 경우 신학생들에게 실질적으로 목회 및 교육사역을 할 수 있는 터전을 마련해준다.

미래에 관해서 말할 것 같으면, 훈련생 후보는 계속해서 공급될 가능성이 높으며, 이를테면 현재 서울에 마련된 교회 기숙학사에 있는 사람들 중에서 선발할 수 있다. 이들은 이미 한국에서 가장 좋은 고등교육까지 받은 자로서, 장차 공립 고등교육기관의 졸업장을 받고 교회의 직분을 위한 후보자가 될 것이다.

오직 한 명의 외국인 사제만이 훈련사역을 위하여 배당될 텐데, 아마 한국인 부제나 교사의 도움을 받을 것이고, 시골 지역도 담당하게 될 것이다.

현재 여러 명의 토착인 사제가 필요하지만, 그들의 월급의 적당한 수준이 얼마인가는 토착 기독교인들이 정하게 될 것이다. 따라서 토착인 사제의 수요는 토착교회의 헌금에 의해서 결정될 것이며, 이것은 다시 대략 기독교인의 숫자에 의해서 결정될 것이다. 현재 확장사역의 새로운 시기를 시작하는 것이 매우 필요한데, 6천 명의 교인으로는 몇 명의 사제밖에 후원할 수 없기 때문이다. 전도를 하고 숫자를 늘리기 위해서는 선교부가 새로운 경지를 개척하는 것이 필수적일 듯하다. 기존 지역에서는 교회가 상당 부분 기정사실로 받아들여지고, 새로운 구도자가 크게 유입될 것 같지 않다. 교회는 여기서 몇 명 저기서 몇 명 구도자를 얻을 수 있고, 사실상 현재 교인 수 증가는 많은 지역에 있어서 성인들이 입교하는 것만큼이나 교인 가정에서 태어난 유아들의 유아세례를 통해서 이뤄지고 있다. 토착인 사제들은 이제 기존 지역에서 사역할 수 있지만, 만일 전혀 새로운 경지를 개척하라고 그들만 내보낼 경우 자칫하면 그들 자신을 망쳐버릴 위험도 감수해야 할 것이다. 새로운 개척사역을 위해서는 외국인이 필요하다. 그가 혼자 가든 토착인 목회자와 동행하든 간에 말이다. 이것은 결국 영국인 사제가 더 많이 필요하다는 의미이다.

결론적으로 다음과 같은 사안에 대하여 기존의 관습상 낯설다는 이유 말고 또 다른 심각한 반대가 있을까? 이를테면 한국인 농부 중에서 이미 정평이 나 있는 사람을 사제로 삼고, 적당한 훈련을 받게 한 뒤, 자기 고향에서 자기 직업을 계속하면서 그 마을 예배당의 예배와 지역 교인들을 돌보는 책임을 맡기는 것 말이다. 그러려면 교회가 이미 충분히 정착되어 평온한 삶을 영위하는 그런 지역을 예상해야 할 것이다. 또 토착인이든 외국인이든 간에 해당 마을을 포함하는 상위 지역을 담당하는 선임사제(a senior priest)[90]를 염두에 두어야 할 것이다. 우리가 알다시피 유능한 사제가 마을들을 정기적으로 순방하고, 굳이 현장에 있지 않아도 될 시시콜콜한 일들에 신경을 쓰느라 많은 시간과 힘을 낭비한다. 그런 힘 낭비는 너무도 명백할 뿐 아니라, 그로 인하여 조건만 맞으면 자치를 더욱 확대할 수 있는 기회를 상실하기도 한다. 위에서 제시했던 것과 같은 현장사제(local priest)[91]는 그러한 힘 낭비를 막고, 자치의 기회를 선용하고, 나아가 자급도 가능하게 할 뿐 아니

---

90 이를테면 총사제.
91 일종의 명예사제직.

라, 기껏해야 명예직으로서의 사례금 정도만 받을 것이다. 그럴 경우, 교회의 직분이란 그 자체가 큰 영예이며, 넉넉한 월급과 불가분하게 연결된 직위가 아니라는 사실을 가르치는 데 도움이 될 것이다.

이 장에서는 재한일본인사역에 대해서는 아무런 언급도 하지 않았다. 그 사역이 중요하고 희망적이지만 말이다.(원주: 제4장 재한 일본인사역을 볼 것.) 어쨌든 아직까지는 한 신학교 안에 일본인과 한국인을 함께 섞는 것은 불가능하다. 그렇게 하기에는 언어의 상이성 자체가 절대적인 장애가 되고 있지만, 앞으로는 그 문제가 해결될 수 있을 것 같다.[92] 현재로서는 선교부에 일본인 사제가 한명 있고, 일본인 교리교사 한 명이 한국인 교리교사 두 명과 함께 1914년에 부제로 서품을 받았다. 하지만 일본인 사제와 일본인 교리교사 모두 일본에서 훈련 받았고, 일본인 사제는 서품도 일본에서 받았다.

---

92 당시 선교사들은 일본 통치 하에 한국인이 일본어를 사용하게 되리라고 예상한 듯하다. 영국성공회 재한선교부 소속 선교사들은 대부분 영국 출신인데, 영국의 경우 웨일스에서 웨일스어를 못 쓰게 하고 영어를 강제한 사례가 있다.

제 3 장
여성 및 소녀사역

-프란체스 맥도널드·이자벨 번

남성 다음에는 이제 여성. 선교부는 여성 사역자들에 관해서 무엇을 하고 있고, 또 무엇을 할 예정인가? 아마도 사제라면 누구나 수녀회 혹은 다른 여성이 자기 구역에 거주하면서 사역하는 것을 환영할 것이다. 하지만 그럴 경우, 필요한 경비만 생각해봐도 그것은 불가능한 일이다. 더구나 외국인 사역자가 더 많아지고 외국 기관이 더 커질수록 한국인들의 입장에서는 외국인 선교사의 존재가 교회의 삶에 필수적이요, 영속적인 요소라는 확신을 갖게 되는 것이 더욱 당연하다. 그런데 반드시 명심할 사실은 외국인 사역자가 선교지에 있는 주된 이유는 그들이 (처음 몇 년이 지난 뒤) 직접 사역하기 위해서가 아니라, 그 나라의 토착인들이 자국민을 위한 선교사가 되도록 가르치고 준비시키기 위해서라는 것이다.

트롤로프 주교는 1915년에 이상과 같이 서술한 바 있는데, 이것이야말로 우리가 지금부터 관심을 기울이고자 하는 사역의 영역이다.

수녀들은 지난 25년간 한국 여성들 가운데서 사역해왔다. 이 시절을 돌아보면서 그간의 사역의 발전상에 대하여 대략적으로나마 훑어보는 것은 매우 흥미로운 일이 될 것이다. 이처럼 보수적인 나라에서도 여성의 위치가 크게 변모해왔다.

성 베드로 수녀회가 첫 번째 선교병원 건물 내의 폭과 길이가 모두 2.4미터 남짓한 작은 방들에서 사역을 시작했을 때, 극복해야 할 어려움은 많았다. 사람들은 남자 병원에서 이뤄진 사역들로 인해 크게 감명을 받았다. 이것을 웅변적으로 말해주는 것이 바로 남편들이 자기 아내들이 치료를 받으러 외국인에게까지 찾아가는 일을 허락했다는 사실이다. 물론 처음에는 여성들을 외래환자로 받는 일조차 쉽지 않았다. 한국 여성들이 외국 여성들의 처치에 자신들을 맡기면서 낯선 느낌을 받았을 것은 뻔한 일이다. 그들은 외국 여성들의 방법이나 관습을 이해할 수 없었을 뿐 아니라, 가끔은 인정할 수조차 없었다. 양편 모두 언어의 장벽은 물론,

서로의 관습이나 일반적으로 사물을 보는 방식에 대해 전혀 알지 못하는 어려움을 극복하는 법을 배워야만 했다. 한국 여성들을 위한 이러한 사역이 영속적인 사역으로 확립되었는데, 이 사실은 양편 모두 크나큰 인내와 신뢰를 보였다는 점을 잘 말해주고 있다.

수녀들은 복음사역에 전념하고자 서울에 있는 병원들을 포기했는데(그동안 한국인과 일본인 병원들이 서울에 많이 설립되었다), 그런 지도 벌써 여러 해가 지났다. 아주 소규모로 시작했던 사역들이 크게 발전했는데, 당시 아무리 상상력이 뛰어난 사람일지라도 이러한 사역들이 이런 식으로 전개될지, 아니 이러한 사역들이 도대체 가능하기나 할지에 대해 상상조차 할 수 없었을 것이다.

이 사역들은 이제 다섯 가지 분야로 나눌 수 있다.

1. 수원의 고아원
2. 정부학교에 다니는 교인 소녀들을 위한 성 마리아 기숙학사(혹은 한자명을 따라 성모관)
3. 과부와 젊은 여성을 훈련하는 양덕원(즉, 덕을 기르는 집)
4. 여성 교리교사 훈련
5. 전도사역 및 목회사역을 위한 순회

1. **교구 고아원 혹은 고해원, 즉 고아의 집.**[93] 조그맣고 연약한 아기들, 특히 그들 대부분은 글자 그대로 시궁창에 죽도록 내던져졌는데, 그런 시궁창에서 그들을 건져왔다. 이런 아기들을 돌보는 일은 가뜩이나 인원도 적은 데다가 이미 업무가 과중한 병원 직원들에게는 소위 '마지막 지푸라기'가 되는 일처럼 보였다.[94] 그러나 그들을 받아들이는 것을 거부하기란 거의 불가능하였다. 나중에 병원에 인접한 작은 한옥을 영아 및 유아를 위한 집으로 개설하였고, 점차 그 고아원은 사역 가운데 본질적인 일부가 되는 동시에 독자적인 분야가 되었다. 어린이들이 자라 학령기에 이르자 고아원에 수용된 어린이들을 위하여 학교를 열었다. 이제는 행복한 표정을 짓고 있는 어린이들이 교실 바닥 위에서 경건한 한국인 노(老)선생 주위에 둘러앉아 있는 모습을 보는 것은 정말이지 감동적인 광경이 아닐 수 없다. 이 선생은 지난 수년간 수녀들을 가르쳐왔는데, 이제 그가 지닌 은사를 그리스도의 무리 가운데 가장 작은 자들인 어린이들을 위해 쓰고 있다. 그 선생 자신은 이미 오래전부터 선생 중의 선생이신 예수님을 알고 사랑해왔다.

---

93 성피득보육원.
94 가벼운 지푸라기라도 나무 위에 쌓이다 보면 나무가 부러지게 마련인데, 부러지기 직전에 놓인 마지막 지푸라기를 의미한다. 즉 최후의 결정타를 가리킨다.

세월이 흐르자 고아원이 소녀들을 성실하면서도 탁월하게 교육시킨다는 소문이 점차 퍼졌다. 소녀들은 15세까지 건전하지만 단순한 소양교육을 받고 난 뒤, 아내로서 해야 할 모든 집안일에 대해 1년간 더 훈련을 받는다. 소녀들 가운데서 교인 총각의 아내감을 구하고자 담당 수녀에게 문의하는 일이 많아졌다. 그런 결혼은 종종 소녀가 집을 멀리 떠나 필경 불신자인 시어머니의 집으로 가는 것을 의미하곤 한다. 그녀는 이제 시댁의 이방인적인 분위기라는 크나큰 어려움 가운데서 그리스도에 대한 증언을 해야만 할 것이다. 비록 남편이 교인일지라도 한국의 풍습은 며느리를 시어머니의 지배 하에 두기 때문이다. 고아원은 항상 친정처럼 여겨질 것이며, 비록 소녀들이 고아원을 거의 방문하지 못하지만, 할 수만 있으면 고아원을 찾아 자기 아기들을 보여주고자 할 것이다.

세월이 흐름에 따라 고아원은 어린아이들 이외에 다른 사람들을 위한 집이 되었다. 이곳은 선교부에서 교인인 소녀가 정부학교에 다니는 동안 집을 떠나 기거할 수 있는 유일한 장소였다. 또한 교인인 젊은 과부가 집도 없고 과부라는 이유로 무시당할 때, 피난처로 찾을 수 있는 유일한 집이기도 했다. 1913년에는 고아원을 수도 서울로부터 건강에 보다 좋은 수원 근처의 시골 지역으로 이전하는 것이 바람직하다는 생각에 이르게 되었다. 다양한 사역들을 정리하는 것이 필요했으며, 이에 따라 이제 수도에서의 사역은 두 가지 중요한 분과로 한정되었다. 즉, 정부학교에 다니는 소녀들을 위한 기숙학사와 과부 및 처녀를 위한 훈련원이 그것이다.

  2. 성모관 혹은 성 마리아 기숙학사. 소녀들이 정부학교에서 수업을 받는 동안 거처할 집을 제공하는 것이 필요하게 되었는데, 이런 사실 자체가 한국 여성들의 관습에 어떤 발전이 있었는가에 대한 괄목할 만한 예가 된다. 수녀들이 한국에 막 도착했을 때만해도 여성들은 공공장소에 모습을 드러내는 것이 허락되지 않았을 뿐 아니라, 지체 높은 가문의 여성들 이외에는 글을 읽을 수도 없었고, 또한 나머지 여성들에게 학습 능력이 있다고 여겨지지도 않았다. 수녀들을 첫 번째로 가르쳤던 한국인 선생은 글을 읽을 수 있고 사고 능력을 갖춘 여성들을 가르친다는 사실로 인해 너무나 긴장한 탓에 거의 녹초가 되어서 그로부터 회복하느라 며칠간 휴가를 얻어야 했다는 이야기까지 전해지는 판국이다!
  그러나 이제 여성들을 위한 교육은 점차 보편화되어가고 있고, 일본인 통치 하에서 이런 교육은 단순히 교육을 즐기는 차원을 훨씬 넘어서고 있다. 서울에서 정부학교는 세 과정으로 나뉜다. 첫 번째 과정은 초등과정으로 7살 난 어린이들부터 받으며, 기간은 4

년인데, 만일 학생이 입학할 때 일본어를 충분히 잘 알고 있으면 2학년부터 시작하게 된다. 이 과정이 끝나면 학생들은 졸업증서를 받는데, 그들은 이미 충분한 교육을 받고서 학교를 떠나는 셈이 된다. 두 번째 과정은 일본어를 모르며, 초등과정의 학교부터 다니기에는 너무 나이 든 소녀들을 받는다. 이 과정은 3년 코스로 이 기간 동안 학생들은 간단한 소양교육을 받으며, 모든 종류의 바느질, 수예, 꽃꽂이 등을 철저히 훈련받고, 회화, 소묘, 도안 등에다가 재봉틀 쓰는 법도 배운다. 30세까지의 여성을 받아들이는 이 과정의 기본 목표는 학생들이 과정을 마칠 때, 생계 수단을 얻도록 하는 것이다. 세 번째 과정은 일본어를 알고 고등교육을 받고자 하는 여성들을 대상으로 한다. 이 과정 역시 기간이 3년이다. 하지만 만일 이 여성들이 교사가 되고자 할 경우에는 교수 방법을 배우기 위하여 1년간 더 공부하게 된다. 이 마지막 4학년 동안에 풍금 치는 법과 교련 지도법을 배우게 된다.

불과 수년 전만 해도 다음과 같은 일(1916년 3월)을 상상이나 할 수 있었던가?

기숙학사 출신의 첫 번째 여학생들이 이번 주에 졸업을 하여 기숙학사를 떠난다. 오늘이 학교 졸업식 날이었는데, 이날 총독과 수많은 사람들이 지켜보는 가운데 여학생들이 졸업증서를 받았다. 기숙학사 출신의 여학생 한 명이 학생 대표였는데, 첫 번째 졸업증서 뭉치를 받았다. 이것은 필경 매우 괴롭고 곤혹스런 일이 아닐 수 없었을 것이다. 그녀는 커다란 강당을 가로질러 걸어가 총독 앞에서 깊은 경례를 하고, 단상 반대편을 향해 돌아선 다음 학교의 남녀 교사들에게 경례하고 나서, 다시 한 계단 올라가 교장에게 깊은 경례를 해야만 했다. 다음과 같은 광경은 아주 아름다운 관습이다. 대표 여학생이 졸업증서를 받는 동안 학급 전체가 기립하고, 대표 여학생이 교장에게 경례를 할 때마다 학생들도 따라서 경례를 하는데, 그 까닭은 학생들도 대표 여학생을 통하여 자기들의 졸업증서를 받기 때문이다. 그런 다음 대표 여학생은 계단을 또 하나 올라간 뒤, 시선은 아래로 하고 팔을 쭉 뻗어서 아름다운 글씨로 쓴 번쩍번쩍 빛나는 졸업장을 60개나 한꺼번에 받았다. 그런 다음 그 자세를 그대로 한 채, 즉 졸업증서를 얹어놓은 팔을 쭉 뻗고 고개를 약간 숙인 채 뒷걸음질로 한 계단 내려가서 교장에게 경례를 한다. 그런 다음 단상을 가로질러 가서 다시 한 계단 내려간 뒤, 총독에게 깊은 경례를 한 다음 남녀 교사들에게 다시 경례를 했다. 그런 뒤에 강당을 천천히 걸어서 자기 자리로 돌아갔다. 이 모든 것은 철저한 침묵 가운데 이뤄졌고, 심지어 축하한다는 작은 소리조차 나지 않았다. 하지만 이런 모습은 졸업식장에서 직접 상을 나눠주는 우리 방식보다 한국인의 마음에 더 큰 감명을 줄 것이다.

여학생들은 학교의 과제와 경쟁을 아주 재미있어 한다. 선생들은 매우 친절하며 여학생들에게 큰 관심을 보이지만, 매우 엄격한 훈련가라서 꼭 해야 할 과제를 아주 많이 내준다. 아무래도 한국인 소녀의 천성적인 게으름을 고치려는 목적도 있는 것 같다. 하지만 이것은 기숙학사의 생활에 어려움을 초래한다. 재학생이 6백 명이나 되는 학교에서 기독교인은 극소수이며, 우리 기숙학사 여학생들이 그 일부를 이룬다. 그런데 이들이 경쟁에 열을 올리고 다양한 학교생활과 수많은 숙제에 정신이 팔리는 동안, 자칫 자신들의 종교적 의무를 마치 부차적인 것인 양 제쳐놓다가 영적 생활을 망칠 위험이 있다. 그래서 종교도 중시하도록 하기 위하여 졸업을 하는 기숙학사 여학생들은 학사에서 종교 시험을 통과하도록 하는 규정이 생겼으며, 종교 시험을 통과할 경우 주교로부터 증서를 받는다. 기숙학사 여학생들, 특히 장차 선교학교[95]의 선생이 될 자격을 갖추는 여학생들이 단지 세속 과목만 통과한다면 그것은 결코 옳지 않은 일이다.

---

95 선교학교는 선교사가 선교사역의 일환으로 운영하는 학교로 종교학교라고도 하지만, 통상 영어 그대로 미션스쿨이라고도 부른다.

이 여학생들이 기숙학사를 떠나면 과연 어떤 삶을 살아가게 될까? 물론 대다수의 여학생은 결혼을 할 것이고, 나머지는 선교학교의 교사가 될 것이다. 보다 최근에는 한 여학생이 간호사로 훈련받기 위한 예비 강의를 병원에서 듣기를 원하였다. 한국인 여학생들에게 그 밖의 다른 어떤 발전이 있게 될지는 세월이 흘러야만 알게 되리라. 한 가지 분명한 것은 옛 방식의 삶이 사라져가고 있으며, 다시는 돌아오지 못한다는 것이다.

3. 양덕원, 즉 덕을 기르는 집. 수녀들의 사역 중 이 분과는 비록 현재는 미미하지만, 장기적인 영향을 미치게 될 것으로 여겨지며, 그 영향력에 대해서 현재로서는 다만 추측이 가능할 뿐이다. 이름이 아주 거창한 이 집은 1914년 6월에 문을 열었는데, 한편으로는 좋은 성품을 지닌 교인 여성이지만 과부가 되었거나 남편에게 버림을 받아서 보호도 재정 지원도 받지 못하는 여성들을 위한 집이고, 다른 한편으로는 결혼 적령기에 이르렀으나 이런저런 이유로 해서 결혼하지 못한 여성들을 위한 집이다. 바로 여기서 이런 여성들은 한국에서는 보호받을 수 없는 여성들을 둘러싼 여러 가지 해악들로부터 안전하게 보호를 받으며 함께 모여 살고 있다. 당시 관습으로는 과부는 아무나 데려갈 수 있었고, 미혼 여성은

거의 존경의 대상이 되지 못했다. 양덕원에서 이런 여성들은 노동을 하면서 스스로를 부양하는 법을 배운다. 그들은 간단한 규율에 따라 사는데, 종교 훈련이 최우선이다. 그들은 급료를 받지 않으나 노동의 대가로 의식주를 제공받으며, 현재 (수용 가능한 최대 인원인) 6명이 아주 밝고 행복한 작은 가족을 이루고 있다. 그들은 세탁을 배우지만, 주된 일은 바느질이며, 바느질의 영역은 무척 넓다. 성의 덮개, 제의, 중백의, 장백의 등의 교회용 수예와 그 밖에 옷을 짓고 수선하는 일, 뜨개질 등이다. 그들은 주로 자신들의 선교부, 곧 재한선교부를 위하여 일하지만, 중국에 있는 두 명의 사제들의 제의도 만들었다. 이 같은 바느질은 그런 여성들을 위한 직업 및 훈련일 뿐 아니라, 이 사업을 계속하기 위해서도 주문에 따른 수입이 반드시 필요하다. 현재 사용 가능한 기금으로는 이 여성들의 의식주를 해결하는 데 드는 비용의 겨우 절반만 충당할 수 있기 때문이다. 하지만 아직까지는 자급하고 있다.

물론 전반적인 사업은 현 단계에서는 실험적이다. 다만 이 사업이 현재 시작한 지 거의 3년이 되고 있는 만큼, 미래에 대한 좋은 조짐이 보인다. 양덕원 식구 가운데 몇몇은 그들에게 걸맞은 짝을 만나 세상으로 돌아갔다. 그러나 이곳에 계속 남아 있는 여성 한 명이 양덕원의 엄폐된 생활을 더 선호하는 것처럼 보이는데, 우리는 이것이 장차 한국 여성의 수도회를 위한 수련자의 첫 열매가 되지나 않을까 하는 희망을 버리지 않고 있다.[96] 양덕원은 아직은 이곳에 있지 않으면 곤경에 처할 수밖에 없는 몇몇 사람들을 위한 피난처, 보호소, 그리고 종교 훈련장 역할을 하고 있다.

4. 여성 교리교사 훈련. 모든 선교부에 있어서 토착인 남녀를 자국민에게 기독교 신앙을 가르치는 교사로 만들기 위하여 훈련하는 것은 대단히 중요하면서도 상당히 어려운 일이다. 어느 나라에 서건 유능한 교사라면 학생들의 속내까지 훤히 알아야 한다. 그러나 한국에서의 경우처럼 학생은 동양인이고, 선생은 서양인일 때에는 동서양 간에 어떤 접촉점을 찾을 수 있기까지 오랜 시간이 흐르게 된다. 마침내 그러한 접촉점이 찾아지고 또한 학생이 이미 기독교를 수용했을 경우, 그는 자기 가족과 친구들에게 자신의 '좋은 소식', 곧 복음을 기꺼이 전하려고 한다. 그러나 이때 또 다른 어려움이 나타나는데, 스스로 얻은 지식을 다른 사람들에게 전달하는 방법을 배워야만 하기 때문이다. 오늘날 한국 기독교인들

96 한국인으로 구성된 수녀회가 1925년에 결성되며 그 이름은 성십자가수녀회였고, 오늘 날 성가수녀회이다. 최초의 한국인 수녀는 일본 유학생인 이비비(한자명 이부비)이다. 위 에서 언급한 여인이 이비비인지는 확인이 필요하다.

을 위한 지침서들이 너무나 흔해졌다. 따라서 최근에 재한선교부에 부임한 사람들은 과거에 다음과 같은 시절이 있었다는 것을 거의 상상도 할 수 없을 것이다. 즉, 한때는 선교부에서 사용하는 모든 종교 서적을 저술해야만 했을 뿐 아니라 거룩, 신앙, 죄 같은 기독교의 진리를 전달하는 용어조차도 스스로 찾아내야만 했다.

선교부 초기부터 남자 교리교사는 훈련을 받아왔으나 여성 가운데 동일한 사역을 하도록 여성들을 훈련시키는 일은 여러 가지 어려움에 봉착했다. 이런 사역을 위하여 당연히 있어야 할 젊은 여성들을 구할 수가 없었다. 젊은 여성들이 끊임없이 쏟아지는 온갖 집안일로 인해 쉴 틈 없이 분주하기 때문이다. 게다가 이곳 풍습에 의하면, 젊은 여성들이 시골을 자유롭게 다니는 것이 허락되지 않는다. 또한 사실상 그들이 가르치고자 할 때, 사람들로부터 아무런 주목이나 존경을 받지 못하는데, 한국에서는 젊은층은 대수롭게 여기지 않기 때문이다. 그래서 유일한 가능성은 나이 든 여성을 활용하는 것이며, 가능한 한 최선을 다해 그들을 가르친 다음, 내보낸다. 이런 식의 훈련은 여러 해 동안 수행되어왔으며, 마침내 항상 염원해왔던 것이 이뤄질 수 있다는 사실을 발견하였다. 즉, 여성 교리교사를 분명하고 조직적인 기반 위에서 훈련하는 일이다.

여성은 선교부 소속 교사로서 사역을 시작하기 전에 무엇을 어떻게 가르칠 것인가에 대하여 3개월간의 훈련 과정을 밟기 위해 서울로 온다. 게다가 모든 여성 교사들은 일 년에 한 차례, 한 달 간 경건과 교육을 위해 서울에 모인다. 그들의 훈련을 맡는 수녀가 매년 그들의 정신과 영혼의 힘이 발전하는 것을 목격하고 있으며, 여성들 자신도 공부에 열심이다.

그러한 모임 가운데 가장 최근의 경우, 19명의 여성이 모였다. 당시의 일일 프로그램을 보면, 아주 흥미롭다. 이 프로그램은 학생들이 도달해야 할 예상치가 높은 수준에 이르렀음을 보여주고 있다. 그들은 매우 즐겁고 기쁘게 그 과정을 밟고 있으며, 그 한 달이 벌써 끝나가고 있다는 것만 애석해 할 뿐이다.

06시 30분 : 아침기도

07시 00분 : 성찬례

09시 00분 : 묵상

10시 30분 : 첫 번째 수업 후 중보기도. 첫 번째 2주는 구약수업, 두 번째 2주는 신약수업.

14시 30분 : 두 번째 수업. 첫 번째 2주는 교회의 연간 업무에 관하여, 두 번째 2주는 성찬례에 관하여 수업한다.

(원주: 이 수업들은 처음에는 수녀가 가르치며, 매일 학

생들 가운데 한 명이 전날 수업을 복습시켜야 한다.)

18시 00분 : 저녁기도

19시 30분 : 세 번째 수업. 사도행전.

21시 00분 : 종도

수업을 정리한 노트는 예배와 강의 시간 사이에 베껴야 한다.

이런 식으로 학습을 받기 위하여 온 여성들은 통상 진짜 좋은 교사가 되기에는 너무 나이가 많다. 그러나 이런 1개월간의 수업의 중요한 목표 가운데 하나는 그들의 영적 생활을 심화시키며, 그들을 보다 나은 여성으로 만드는 것이다. 만일 이 19명의 여성들이 이런 식으로 기도의 방법을 배우고, 성경과 거룩한 교회의 가르침에서 지침을 얻고 나서 사역의 수많은 어려움들을 감당할 만한 새로운 열심을 품고 일터로 돌아간다면, 그들은 틀림없이 그들이 상대할 사람들에게 영속적인 영향력을 미칠 것이다. 어쨌든 "행동이 말보다 더 웅변적이다"라는 옛 속담은 언제나 유용하다. 이들은 정말로 사역에 열심이 없는 사람은 단념시키고 말 그런 어려움에 의해서도 전혀 주눅들지 않는다. 이를테면 여행의 어려움 같은 것 말이다. 지난번 모임의 경우, 그들 가운데 2명이 큰 홍수를 만나는 바람에 물이 허리까지 차는데도 그 물길을 뚫고 왔으며, 다른 11

명은 철도가 유실되는 통에 도중에 사흘이나 발길이 묶였었다.

말이 나온 김에 혹시 여성들을 가르치는 수녀가 이 한 달간의 수업을 위해서 어떤 수고를 해야 하는지에 대해서도 알고 싶어 할지 모르겠다. 수녀는 80번의 수업을 준비하고 강의해야 한다. 비록 수업은 훨씬 이전에 계획되지만, 매 수업마다 수업을 하기 직전에 다시금 준비를 해야 한다.

이런 식으로 오는 여성들은 물론 선교부의 손님이다. 그들은 서울에 체재하는 기간 내내 무료로 숙식을 제공받는다.

5. 순회사역. 일 년을 통해 종종 수녀들은 다른 지역을 방문하는데, 그들이 원하는 만큼 자주 가지는 못한다. 따라서 수녀들이 한 번 방문한 뒤 다시 방문할 때까지의 기간 동안, 가르침을 수행하는 여성 교리교사의 사역이 얼마나 중요한지는 즉각 알 수 있다. 통상적인 계획에 의하면, 수녀가 방문할 때 가능한 한 여러 날 동안 머물고자 한다. 이를테면 그 기간은 아마도 본부에서 3주나 4주가 될 것이다. 수녀는 본부에서 다양한 종류의 수업을 행하며, 개별적인 가르침도 많이 한다. 문답하고 도와주어야 할 구도자가 있고, 세례준비를 시켜야 할 세례준비자가 있고, 견진예식을 준비시켜야 할 견진예식 대상자도 있고, 교육시키고 격려해야 할 정식

교인도 있다. 뿐만 아니라 전도부인들은 다양한 어려움을 겪게 되는데, 이들도 도와주어야 한다.[97] 이 여성들은 마을 사람들과 함께 살며, 많은 경우 동리 사람들 집 가운데 한 곳에서 사는데, 교회구사역(parish work)이라고 할 정도의 사역을 한다. 아! 가끔씩 안타깝게도 조사해야 할 심각한 문제들이 있다. 일테면 교인들 사이에 벌어진 분쟁 등인데, 이것은 추문을 일으키곤 한다. 또한 배교나 배덕하는 교인들이 있다면, 이들을 충고하여 회개와 바른 삶으로 되돌려야 한다. 만일 우리가 세례 받은 지 그리 오래되지 않은 사람들이 타락하는 것을 의아해 하는 경향이 있다면, 이같은 개종자들이 살아가게 되는 이방인적인 환경이 얼마나 엄청난 압력을 초래하는지 생각해보자. 그것이 과연 어떤 것을 의미하는지를 정확하게 이해하려면, 이방인 나라에서 살아보는 것이 필요하다. 기독교 국가에서만 살아본 사람들로서는 도저히 이해할 수 없을 것이다. 악의 현존이 참으로 활발하며, 절실히 느껴질 것이다.

이런 본부로부터 교인이 사는 곳이라면 어떤 시골마을이나 외딴 작은 마을이건 순회사역을 한다. 종종 이곳은 수마일이나 떨

---

97 전도부인이란 원래 영어로 Bible women을 번역한 말인데, 직역을 하면 성경 여인, 즉 성경을 파는 여자이지만 이들이 전도와 심지어 교회 개척에 많이 기여하였기 때문에 통상 전도부인이라고 부른다. 이에 대한 자세한 연구는 장성진 『한국교회의 잊혀진 이야기』, 파주: 한국학술정보, 2008을 볼 것.

어져 있으며, 걸어서 갈 만한 거리가 아닐 경우에는 교통수단을 이용하는 것이 필요하다. 가마꾼을 구하기가 수년 전에 비해 아주 어려워졌으며, 따라서 가마는 훨씬 비싸졌다. 그러니 다른 교통수단을 이용해야만 한다. 먼저 짐을 나귀에 싣고, 그 위에 걸터앉는 것이다. 이런 방식은 다음과 같은 장점이 있다. 즉, 당신은 당신 짐이 어디에 있는지 알 수 있고, 따라서 짐이 언제 도착할지 걱정할 필요가 없다. 수녀가 목적지인 마을에 다가가면, 여성 교인과 아이들이 깨끗한 옷을 차려입고 마중 나와 수녀와 수녀가 동반한 여성 교리교사를 위해 준비한 집으로 모셔 간다. 음식이 준비되고 그것을 먹고 나면 일이 시작된다. 대화, 교육, 의논 등이 계속되는데, 종종 밤 늦은 시간까지 이어진다. 여성들은 통상 저녁 늦은 시간이 되어서야 이곳에 올 수 있기 때문이다. 이 같은 마을에는 교육하고, 세례나 견진예식, 성찬례를 준비시켜야 할 여성들이 있다. 혹은 교육받고 격려받고 훈련받기를 원하는 여성들도 있다. 다시 한 번 교회구 사역의 어려움들과 부딪히게 된다. 아마도 이것은 그 지역의 특정한 상황으로 인하여 더 심각할 때도 있다.

가끔씩 교회구 선교 기간 동안에 수녀가 도움을 줄 수 있도록 수녀의 방문 시기를 조정할 때도 있다. 교회구 선교란 종종 이런저

런 본부에서 이뤄지며, 영국인 사제의 지도 아래 한국인 성직자가
시행하는 것이다. 이런 선교의 시간표는 다음과 같다.

07시 15분 : 영국인 사제가 집전하는 성찬례. 그 뒤에 묵상
시간이 있다.

09시 00분 : 한국인 부제 한 명이 담당하는 어린이 예배 및
교육

14시 00분 : 한국인 부제 두 명이 설교를 담당하는, 여성을
위한 특별예배

15시 30분 : 저녁기도

19시 30분 : 이방인이 아닌 교인을 위한 정기적인 선교예배.
따라서 교육의 주제는 회개, 죄, 고해, 사죄, 성
찬례 및 수난 등이다.

두 명의 교리교사는 매일 밤 아주 달변으로 말을 한다. 이들은
다뤄야 할 주제가 무엇인지 미리 어느 정도 시간적 여유를 가지
고 통보를 받았고, 준비도 잘했다. 마지막 밤에는 감사기도를 드
렸다. 아침마다 세 명의 전도부인이 수녀를 만나서 수녀와 함께
방문이 필요한 여성에 대하여 의논을 했다. 전도부인들은 그 후

각 방향으로 사역을 하러 가고, 수녀는 그곳에 있는 여성들을 돌봤다.

매 방문 기간은 상황에 따라 다르지만, 수녀들은 이러한 매우 중요한 사역에 가능한 한 많은 시간을 할애하려고 한다. 교인들이 여기저기 흩어져 있기 때문에 이 사역은 반드시 확장되어야만 하고, 그 중요성이 더해가고 있다.

명심해야 할 사실은 장차 한국 여성과 소녀들을 위한 모든 사역은 수녀들의 담당이 되리란 것이다. 이런 순회사역을 하는 수녀들 외에도 올해(1917년)까지 몇몇 외곽 본부에 살면서 그들이 접할 수 있는 여성과 소녀들을 돌봐왔던 몇몇 영국인 여성 사역자들이 있었다. 거주사역자들이 갖는 기회는 필경 가끔씩 방문하는 순회사역자가 갖는 기회와는 여러 면에서 다를 것이다. 따라서 만일 최근까지 주로 강화 및 백천 지역에 거주했던 거주사역자들이 수행했던 거주사역에 대한 언급이 빠진다면, 여성사역에 관한 본 장은 불완전한 것이 되고 말 것이다.

강화 및 백천 지역에는 각각, 중앙교회 근처에 숙소가 하나 있고, 그곳에서 이제까지 두세 명의 영국 여성들이 한국인 이웃과 더불어 긴밀한 관계를 맺으면서 살아왔고, 그 지역의 여성사역 전반을 감독하였다. 이 지역은 중앙교회 산하의 모든 외곽 마을 교회 및 예배당을 포함하며, 반경 15마일에서 20마일[98]에 이른다. 토착인 여성 교리교사는 영국인 사역자의 감독 하에 사역을 하며, 그들이 먼 마을을 방문할 경우에는 그들을 동반한다.

이런 사역을 이해하려면, 이런 시골에 사는 여성들의 삶에 대하여 조금은 알아야 한다. 이미 설명했던 바대로, 가부장적인 관습에 따라 신혼부부는 새 가정을 꾸리지 않고 신부가 시집식구의 일원이 된다. 신부는 그 시집에서 시어머니에게 철저히 종속되며, 집안일의 대부분을 해야만 한다.

이런 관습으로 말미암아 다음과 같은 결과가 초래된다. 즉, 시어머니가 자기 며느리가 교인이 되기를 진정으로 원하지 않는 한, 이런 여성을 교육하기란 어렵다. 영국인 사역자가 집을 방문하는데, 그곳에 닿으려면 필시 8마일 정도[99]를 걸어가야 했다. 온가족이 그녀의 방문을 반긴다. 그녀는 여성들이 기거하는 안방으로 인도되며, 상석에 앉게 된다. 상석은 바로 아랫목인데, 온돌 중에서 불길이 지나가기 시작하는 곳 바로 윗부분이다. 시어머니가 영국인 사역자 바로 옆에 앉고, 아이들은 둥글게 둘러앉는다. 문간에는 이웃들이 모습을 드러낸다. 그런데 그 젊은 여성은 대체 어디에 있단

---

98 약 24~32km, 60~80리.
99 약 13km, 30리.

말인가? 필시 영국인 사역자는 그 젊은 여성을 특별히 보고자 하여 이곳까지 왔을 텐데 말이다. 그 젊은 여성은 지금 부엌에서 손님을 위한 음식을 준비하고 있다. 설사 영국 여성 사역자가 기지를 발휘하여 여주인인 시어머니에게 자기가 식욕이 없다는 것을 예의에 거슬리지 않게 잘 말해서 설득시킬 수 있을지 모르지만, 그녀와 동행한 전도부인은 먼 길을 걸어온 뒤라 음식을 좀 들어야 할 필요가 있을지도 모르는 일 아닌가? 나이 든 여성이 일을 하면서 젊은 여성에게 자유를 준다는 것은 결코 들어본 적이 없다. 그러니 음식 준비가 끝나고 며느리가 자유롭게 될 때까지 잠자코 기다리는 수밖에 달리 방법이 없다. 젊은 여성을 위한 수업은 저녁에 가질 때 출석률이 가장 높다. 그때가 바로 하루 일이 끝나는 때인 것이다.

통상 젊은 여성은 나이가 더 든 세대보다 가르치기가 훨씬 더 수월하다. 그들은 대부분 이제 읽고 쓸 수 있는데, 이러한 일은 불과 수년 전만 해도 여성들에게 전혀 필요치 않다고 여겨지던 것이다. 읍면 소재지에서 멀리 떨어진 아주 외딴 시골마을에서는 젊은 여성이나 심지어 소녀들까지 여전히 교육의 기회를 전혀 갖지 못한다.

그러나 비록 한국의 시골여성이 통상적인 의미에서 교육을 받지 못했다고 하더라도 가정 일에 있어서는 교육을 잘 받았다. 그녀는 요리하고, 옷과 침구를 만들고, 세탁하고, 들에서 일하고, 면이나 비단 실을 잣고, 천을 짤 줄 알며, 대개 수놓는 솜씨가 좋다. 각집마다 논밭이 있으며, 한 사람의 부는 이런 논밭의 크기나 수에 따라 계산된다. 이 논밭에서 한국인에게는 필수적인 벼, 다양한 곡식, 콩, 배추, 무, 고추, 담배, 면화 및 삼 등이 재배된다. 이 모든 것들을 준비하고 사용하는 것은 여성의 몫이다. 여성들은 때때로 누에도 키운다. 백천 근방의 시골에 사는 교인 가운데 한 소녀가 영국인 교사에게 자기가 입고 있는 연한 푸른색 비단 윗도리를 보여주면서 말하길, 이것은 자기네가 기른 누에에서 나온 비단으로 만든 것인데, 자기가 직접 실을 잣고, 천을 짜고, 염색해서 만들었다고 했다.

가을은 여성들에게는 1년 중 가장 바쁜 시기이다. 가을에 온갖 수확한 것들을 거둬들여 보관하며, 한 해 먹을 김치 곧 배추절임을 마련하는 김장을 하고, 겨울옷을 장만한다.[100] 따라서 11월 이전에 동계 수업이 시작되도록 계획을 짜거나, 성탄절 이전에 세례자 교육에 필수적인 수업 시간을 맞춰 넣기란 꽤나 어렵다. 시골

---

100 본문에는 기미치(kimichi)라고 나온다. 이를 보면 선교사들이 가장 기본적인 한국어도 착각하는 것을 알게 된다. 제5장에서는 김지(kimji)라고 한다.

에 사는 대부분의 여성들을 위한 수업의 경우, 하루 중 일하다가 한 시간 정도 틈을 내는 것이 아니라, 아예 하루나 이틀을 꼬박 내는 것을 의미한다. 이럴 경우, 여성은 아이를 등에 업고 읍면 소재지까지 먼 길을 가야만 한다. 여성들 가운데 많은 사람들이 세례교육을 받고자 14마일에서 15마일[101]이나 걸어온다. 한국의 가마는 앞쪽에 문을 단, 사방이 닫힌 상자 같은 모양인데, 신부(新婦)나 환자가 아니면 거의 사용하지 않는다. 따라서 남은 방법은 걷는 것뿐인데, 도중에 여러 번 쉬다 보니 자연적으로 시간이 오래 걸린다.

여성들이 통상적으로 택하는 방법은 아침식사를 마친 뒤 가능한 한 빨리 집을 떠나 여성 교리교사의 집에 정오경에 도착하는 것이다. 만일 수업이 오후에 있으면, 먼저 점심을 먹을 시간이 있을 수도 있지만, 도착했을 때 이미 수업이 시작되었을 수도 있다. 만일 수업이 저녁에 있으면, 오후에는 휴식을 취하면서 여성 교리교사로부터 다음번 교육 준비를 위해 가능한 한 많은 것을 배우며 시간을 보낸다. 만일 집이 너무 멀면, 교리교사의 집에서 묵게 되지만, 그리 멀지 않을 경우에는 세례준비자는 수업이 끝나면 피곤한 걸음으로 귀가한다.

101 약 22~24km, 50~60리.

모든 한국인 집에는 남자용 방이 하나, 여자용 방이 하나 있는데, 손님이 거기서 묵을 수 있다. 비록 방들은 작지만, 몇 명이고 상관없이 재울 수 있다. 방에는 가구란 거의 없고, 단지 작은 궤짝 한두 개가 벽에 붙어 있을 뿐이고, 사람들은 방바닥에 누워 잔다. 침구는 솜을 넣은 요이며, 나무토막을 베개로 삼는다. 방바닥이 데워지는 온돌이라 이불 한 장이면 더 이상 필요 없다. 자기 집에 있는 베개에는 양편에 종종 아주 정성스럽게 아름다운 수를 놓는다. 교리교사 집 이외에도 영국인 사역자들의 처소 가운데 여자용 방이 하나 있어 먼 곳에서 온 여성이 묵을 수 있다. 이러한 방들은 특히 모든 사람들이 성찬례에 참석하고자 몰려오는 교회 절기에는 찾는 사람들이 많다.

소녀들을 위한 여학교는 학생들에게 매일 종교 교육을 하는데, 그들을 영국인 교사의 개인적인 영향력 아래에 두기 위한 수단으로서 매우 중요하다. 교인 자녀들뿐 아니라 이방인의 자녀들도 우리 학교에 다니며, 이 아이들로 인해 그들의 부모가 기독교에 관심을 갖게 되는 경우도 여러 번 있었다. 어떤 마을에서는 교인들이 자기 자녀를 위하여 작은 학교를 세우기도 한다. 학교가 없는 시골 마을의 경우, 부모들이 때때로 아이들을 본부에 있는 학교로 보내는데, 그때 아이들을 기독교 가정이나 교원 주택에 묵게 한다.

일본인들이 한국의 교육 문제에 깊숙이 개입하고 있는 터라 우리가 학교를 운영하는 것이 더욱 어려워지고 있다. 정부의 남학교는 물론, 정부의 여학교들이 이제 모든 읍면 소재지에 세워졌고, 선교학교가 일본인 기준에 맞춰야만 하기 때문에 어떤 경우에는 우리 학교를 폐쇄하고 우리 학생들을 정부학교에 보내는 것이 더 낫다고 판단된다. 이럴 경우에도 시골마을에서 온 아이들은 여전히 기독교인 가정에 묵으면서 기독교적인 영향력 아래 계속 있게 될 것이다.

선교학교에서는 교육이 모두 한국어로 이뤄지며, 학생들은 자기들의 토착어인 한글을 읽고 쓰는 법을 배운다. 학생들은 한자도 배우는데, 한자는 한국인이나 일본인 모두 공문서나 학문적인 저술에 사용한다. 일테면 동전이나 우표의 액면 가치는 한자로 표기되어 있으며, 기차역의 명칭은 한자로 크게 중앙에 눈에 잘 띄게 표기하며, 이편저편에 작은 글씨로 한글과 일본어를 병기한다. 우리의 종교 용어의 의미를 제대로 이해하려면 한자를 어느 정도 아는 것이 필수적이다. 한자와 한국어의 관계는 마치 라틴어와 영어의 관계와 같다.

정부학교에서는 교육이 일본어로 이뤄지며, 따라서 학생들은 의무적으로 일본어를 배워야 한다. 현재 일본어는 시골에 사는 여성들에게는 거의 사용되지 않는다. 이제는 기차역이나 우체국의 직원들이 일본인이라는 것은 널리 알려진 사실이다. 하지만 우리의 관심 대상인 지역에는 철도가 없는데다가 여성들이 집에서부터 멀리 여행하는 경우도 드물고, 우체국에 들어가서 일을 보는 경우는 더욱 드문 만큼, 그들이 일본인들을 접할 일은 없다. 한국인들은 여전히 편지를 거의 전적으로 인편으로 보낸다. 한곳에서 다른 곳으로 이동하는 사람은 누구나 그 방향으로 편지를 보내고 싶어 하는 모든 사람들의 편지를 떠맡게 된다. 한 여학생이 우체국에 대하여 수필을 쓰면서 이렇게 말했다. "우체국을 이용하는 이유는 다른 사람 몰래 편지를 보낼 수 있다는 것이다."

일본인들은 전국에 의사들을 배치하고 있는 중이다. 그러나 한국인들은 아직은 일본인 의사에 대하여 크게 신뢰하지 않으며, 어쩔 수 없는 경우가 아니라면 일본인 의사에게 가려고 하지 않는다. 물론 미래에는 한국인과 일본인 두 민족 간에 보다 많은 교제가 이뤄질 것이 틀림없지만, 현재로서는 한국인 여성이 일본인과 접하는 경우란 거의 없다.

한국인들은 그들의 교회를 돌보고 아름답게 하도록 가르침을 받았다. 이를 위해서 시골의 소녀들과 젊은 여성들은 제의나 교회에 필요한 복식품에 수를 놓거나 그것을 만드는 법을 배웠다. 그들은 기꺼이 이 일을 하고자 하며, 이를 위하여 하루 중 많은 시간을 내놓는다. 교회를 위해 무슨 재봉일을 할 경우, 필요한 것이란 그저 자원봉사자를 구하면 되는데, 많은 사람들이 나선다.

언젠가 여학교 상급반 학생들이 초록색 제단 전면의 휘장과 제의를 만든 적이 있다. 그러자 열한 살 난 두 명의 어린 여학생들이 자기들이 할 수 있는 일이 뭐 없겠냐고 물었다. 그 학생들은 다른 소녀들이 교회를 위해서 일을 하는데, 자기들만 제외되는 것을 좋아하지 않는다고 말했다. 구제금 주머니를 맡겼더니 단순히 수를 놓을 뿐 아니라 아예 전부를 스스로 만들었다.

또한 교회의 아마포[102]로 된 물건들을 영국식으로 세탁하는 법도 배웠다. 한국식으로 아마포 물건을 시냇가 돌 위에 놓고 빨래 방망이로 두드려 빨면, 금세 망가지고 말 것이다. 토착적인 방식으로 세탁하는 것은 이 나라의 경우 아주 독특하다. 한국인은 남녀 모두 하얀 면, 즉 무명으로 된 옷을 입는데, 세탁할 때마다 조각조각 뜯어 다시 꿰맨다. 색깔 있는 옷은 세탁 후 다시 염색한다. 이 나라에서는 시골 깊숙이 들어가면 갈수록 색깔 있는 옷은 드물게 나타난다. 어린이들은 항상 밝은 색의 옷을 입지만, 젊은 여성

---

102 리넨.

의 경우에는 갓 시집온 색시만 색깔 있는 옷을 입는다. 나이가 든 여성이 혹시 감색이나 흑색 옷을 입는 경우가 있으나 그밖의 색깔 옷은 거의 입지 않으며, 일반적으로 흰옷을 입는다.

강화 출신의 젊은 여성이 교리교사로 백천에 온 적이 있다. 그녀는 색깔 있는 옷을 입고 저고리는 비단옷을 입은 채 그곳에 도착했다. 이런 모습은 서울에서는 아주 적합한 차림새로 보일 수 있고, 강화에서는 좀 말쑥하다는 정도로 생각될 수 있다. 그러나 백천에서는 그런 식으로 옷을 입으면 절대로 존경받을 수 없다고 여겨졌으며, 만일 이방인들, 즉 비기독교인들이 보기에 그녀가 교회의 이름을 더럽히지 않으려면, 그 고장의 다른 여성들처럼 흰 무명옷을 입어야만 했다.

한 여성을 한 고장에서 다른 곳으로 보내는 것은 언제나 어려운 일이다. 그녀는 다른 곳의 습관이나 사고방식을 잘 이해하지 못한다. 따라서 자기 고장에서 가장 적합한 여성을 선발하여 서울로 보내 훈련을 받게 한 다음, 고향으로 돌려보내 그곳에서 사역하게 하는 것이 일반적으로 최상의 방법이라고 생각된다.

이렇게 여성 교리교사를 선발하는 데 여러 가지 어려움이 발생한다. 물론, 첫 번째 자격은 그녀가 진실한 교인으로 훈련받고자 하는 열의가 있느냐는 것이다. 이외에도 그녀는 읽고 쓸 줄 알아야만 다양한 수업을 위한 교육 과정을 이수할 수 있다. 또한 정식교인이나 세례준비자 등의 명부를 검토하고 보관할 수 있어야만 한다.

교리교사는 그녀의 이웃들이 계급에 관계없이 모두 존경할 수 있는 그런 여성이어야만 한다. 계급에 따른 구분은 시골사람들 사이에서는 여전히 잘 지켜지고 있다. 비록 양반이 극빈자층에 속해 방 하나에 부엌이 딸린 조그만 집에 살고, 자기 땅에서 농사를 지으며 아내와 며느리는 온갖 집안일을 하더라도 그들은 자신들의 위치를 지키며 사람들로부터 신분에 걸맞은 존경을 받는다. 이와 동일한 방식으로 신분이 낮은 여성은 사회적 지위에 상관없이 결코 이웃들 사이에서 어떤 영향력이나 권위를 누릴 수 없다. 교인은 서로 자유롭게 어울리며 이제는 오래된 배타성 가운데 많은 부분이 없어졌지만, 계급에 따른 구분은 여전히 남아 있다.

여성사역의 전반을 정의하기란 불가능하다. 하지만 이 사역이 대단히 다양하고 흥미로워서, 실망스러운 일이 많음에도 불구하고 고무적인 면도 있다는 것을 보여주기에 충분할 만큼은 기록한 것 같다.

제 4 장
재한일본인사역

-존 바실 심슨[103]

　재한일본인사역은 영국성공회 재한선교부의 여타 사역과는 판이하게 다르다. 하지만 동시에 이 사역은 다른 모든 사역에 있어서 매우 중요하다. 따라서 만일 이 사역을 간과한다면, 그것은 전체 선교부를 심각하게 훼손시킬 수 있는 아주 결정적인 실수가 될 것이다. 한국의 사역이 어떻게 발전해왔는지를 처음부터 지켜본 사람들은 재한일본인사역의 필요성 역시 결코 잊어서는 안 된다는 요청을 받고 있다. 그 이유는 다음과 같다. 이 사역은 기존의 선교사들의 마음속에 한국인 사역이 자리했던 영역을 대신 차지하려

---

103 심슨 신부는 영어명이 J. B. Simpson인데, Basil Simpson과 동일인물이며 그의 한국명은 손바실이다.

는 것이 아니다. 아마도 그런 일은 있을 수 없을 것이다. 다만 선교사들로 하여금 이 사역을 소홀히 하지 않도록 하고, 본국에 있는 사람들로 하여금 그들의 기도 제목 가운데 이 사역을 망각하지 않도록 하려는 것이다.

일본과 한국의 관계. 일본과 한국의 관계는 수백 년, 수천 년 전의 역사로 거슬러 올라간다. 중국의 문화와 불교가 한국을 거쳐 일본으로 넘어갔고, 여러 차례 일본은 한국을 정복하고자 원정에 나섰다. 거듭된 원정 가운데 가장 유명한 것이 16세기에 도요토미 히데요시(豊臣秀吉)가 주도한 것이다. 이 원정은 잠시 큰 성공을 거두었으나 결국 일본인들은 완전히 쫓겨나고 말았다.

최근의 상황을 말할 것 같으면, 재한선교부가 사역을 처음 시작했을 당시에 한국은 중국에 조공을 바치는 조공국 상태였다. 그러나 그런 시기는 지나갔고, 1905년에 러일전쟁이 벌어진 뒤로 이미 급증했던 한국에 대한 일본의 영향력이 절정에 이르렀으며, 급기야 1910년 일본은 한국을 팽창일로에 있던 일본제국에 확고하게 합병시켰다. 합병 이전에 한국으로 넘어왔던 일본인들의 유형을 보면, 일반적으로 인종 간의 적대감을 확대시키는 그런 부류의 사람들이었다. 그 이후 양자 간의 관계는 분명히 개선되었다.[104] 이렇게 관계 개선이 이뤄지도록 노력한 주요 인물은 한국(오늘날 일본인들은 한국을 조선[105]이라고 부르는데)의 초대총독이었던 육군 원수 데라우치 마사타케(寺內正毅) 자작이며, 그는 후에 일본 총리가 되었다.

물질적인 차원에서 보면 한국에 있는 일본 식민정부는 놀라운 발전을 가져왔다. 한 가지 예를 들어보자. 지난 조선왕조 말기에 한국인들은 아주 깊숙한 두메산골을 제외하고 나라 전체의 모든 나무를 베어버렸다. 한국인들은 모든 관목과 덤불은 물론이고 심지어 언덕바지의 풀마저 베어버렸다. 혹독하게 추운 겨울에 땔감으로 쓸 목적이었던 것이다. 아무런 재조림 사업도 존재하지 않았던 탓에 이 나라는 점차 완전히 헐벗은 꼴이 되고 말았다. 이것은 한국 사람이나 관광객 모두 잘 알고 있는 사실이다. 폭우가 내리면 언덕의 토사가 쓸려 내려서 매년 많은 양의 쌀 수확을 망치곤 한다. 하지만 일본인들은 철저하고도 지속적인 재조림 사업을 확장해나갔다. 일본인들은 식목일 등의 조치를 지속적으로 추진하였고, 학생들을 식목하는 일에 동원하였다. 1913년 어느 날의 경우

104 이런 견해는 일본과 마찬가지로 식민지를 경영했던 서구인의 시각에서 비롯되었고, 더구나 당시는 1919년 3·1독립운동이 발발하기 2년 전이었다.
105 일본은 대한제국이란 이름을 없애고, 대신 이씨 조선왕조가 무능했던 것을 강조하면서 한국을 의도적으로 조선이라고 불렀다.

에는—가장 최근의 통계가 가능한 시기인데—무려 1,300만 그루
를 심었다.

다른 분야에서도 물질적인 면에서 능률이 보다 증가했다. 여러
규정이 지속적으로 만들어지면서 이 나라의 모든 것을 조정하고
중앙집권화하였다. 선교부에 전반적인 영향을 미치는 교육 뿐 아
니라 종교까지도 통제되었다. 종교에 대해서는 좀더 이야기할 필요
가 있다. 종교별로 산하 각 종파는 총독부에 등록해야 하며, 종파
의 대표인 감독도 선출해야 한다. 총독은 이 감독을 각 종파 안에
서 벌어지는 모든 일에 대하여 자신에게 책임을 지는 사람으로 간
주할 것이다. 그러나 총독부는 각 감독(물론 성공회의 경우에는 주
교)에게 세 가지 항목, 즉 교리, 전도(포교) 방법, 조직 방법 등에
대한 해당 종교의 보고서를 제출토록 하였다. 세 가지 항목 중 마
지막 항목에 대하여 다소 문제가 있었는데, 영국성공회는 흑백논
리식의 확연한 교회 헌장이 없기 때문이었다. 자, 이제 각 종교들
이 모두 통제되고 있으니 선교부는 총독부에 10일 내에 변동 사
항을 보고하지 않는 한, 단 한 명의 교리교사도 이 마을에서 저
마을로 옮길 수 없게 되었다.

사역의 발전과 조직. 선교부가 한국으로 이민 온 일본인들을 대

상으로 무슨 일이건 해보려고 시도했던 초창기 이래로 일본성공회로부터, 특히 남부 도쿄(東京) 교구로부터 많은 도움을 받았다. 사실상 첫 번째 정규 사역은 제물포에서 스마트 씨(Mr. Smart)가 시작하였고, 후에 카트라이트 신부(the Rev. S. H. Cartwright)[106] 지도 아래 서울과 부산에서 발전하기 시작했다. 게다가 단기간의 도움을 주기 위하여 한두 명의 사제가 종종 일본에서 넘어왔다. 그러나 남부 도쿄에서 두 명의 사제, 즉 샤프 신부(the Rev. A. L. Sharpe)[107]와 시오자키 신부(the Rev. A. Shiozaki)가 한국에 입국한 후에야 비로소 재한일본인사역은 중요한 위치를 차지하게 되었다. 한국이 일본에 합병됨에 따라 일본인 이민자가 급증하였고, 한국으로 온 사람들 가운데 성공회 교인들의 수가 늘었다.

샤프 신부는 서울에 본부를 마련하였고, 이 본부에서 엘링톤 양(Miss Elrington)과 그로스진 양(Miss Grosjean)[108]도 함께 사역했다. 후에 엘링톤 양은 시오자키 신부를 돕기 위하여 부산으로 내려갔다. 이 일본인 사제는 부산에서 7년째 일하면서 단지 몇 명

---

106 이 사람이 Stephen Haytor Cartright와 동일인물이라면, 한국명은 그냥 차 신부이다. 그럴 경우, Cartright는 Cartwright의 오자일 것이다. 이재정 『대한성공회백년사』, 61~62쪽.

107 한국명은 그냥 사 신부라고 한다.

108 만일 불어식 발음을 택했다면 그로장 양이다. 이재정도 그로스진을 택하고 있다. 이재정 『대한성공회백년사』, 63쪽.

에 불과했던 그곳의 교인 수가 이제 1백 명 가까이로 늘어나게 된 것을 목격했다. 시오자키 신부는 현재 제대로 된 교회 건물, 교회의 큰 방 및 여러 개의 부속실을 짓기 위해 열심히 모금하고 있다. 이런 시설들은 여태 써왔지만, 이제는 이용하기에 너무 좁아졌다. 샤프 신부 역시 꾸준히 증가하고 있는 순회사역을 조직하였고, 이 일은 점차 한국 전역을 망라하게 될 것이다.

제물포에 있는 일본인사역은 초창기부터 정규 교회를 사용하는 이점을 누렸는데, 성 미가엘 교회는 한국어 예배뿐 아니라 영어 및 일본어 예배도 드렸다. 한국이 일본에 합병된 이래 제물포의 상대적 중요성이 감소하였고, 대신 다른 항구들이 점차 중요하게 되었다. 이런 움직임들이 제물포에서 이뤄지는 기독교 사역에도 반영되는 경향이 있다.

부산에서 시작되는 철도의 주요 노선 상에 위치한 여러 역들 가운데 한 곳이 우리에게 있어서는 다른 곳보다 훨씬 급속하게 발전하기 시작했다. 그래서 그로스진 양이 그곳에 살려고 내려간 뒤에 교회 방들이 지어졌고, 나중에는 성 프란시스 선교관(S. Francis Mission House)이 건축되었다. 이렇게 해서 대구는 우리의 네 번째 주요 선교 지부로 자라났다. 만일 이 선교 지부를 아기라고 부른다면, 아주 기운찬 아기인 셈이다.

일본인사역의 발전과 조직에 관한 이 같은 간단한 역사는 일본인사역과 한국인사역 간에 그 기원이나 확장 양상에서 나타나는 차이를 보여주기 위하여 반드시 필요하다. 한국인사역은 서해안의 본부로부터 확산되기 시작하여 아직까지는 한반도의 특정 지역을 점유하고 있는 반면, 일본인사역은 대부분 소규모로 산재한 양상이기는 하지만 한국 전체를 망라하고 있다. 부산, 대구, 서울 및 제물포 이외에도 일본인 교인들이 살고 있는 약 40곳에 이르는 크고 작은 읍면 소재지를 포함하는데, 이 읍면 소재지는 사방 700마일, 300마일에 이르는 지역[109]에 흩어져 있다. 하지만 이렇게 광범위한 지역임에도 불구하고 현재 단 2명의 사제가 있을 뿐인데, 통상적으로 1명은 영국인이요, 1명은 일본인이며, 본서를 저술하고 있는 시점에서는 2명 모두 일본인이다. 우리에게는 3명의 영국인 여성사역자 이외에도 1명의 일본인 교리교사, 1명의 일본인 여성사역자가 있으며, 바라기는 그동안 서울에서 사역했던 또 다른 일본인(이나바 양)이 머지않아 일본에서 돌아오는 것이다.

하지만 이 정도의 인원으로는 점차 증가하고 있는 일본인사역에 있어서 전혀 충분치 않다. 게다가 사역에 필요한 사제와 관련하

---

109 사방 약 1,000km, 500km에 이르는 지역.

제물포에 있는 일본인 선교관

여 일본 본토로부터 도움을 받아왔는데, 여태까지 이 같은 도움에 전적으로 의존해온 것이 사실이다. 그리고 이 같은 도움은 다소간 영속적인 것이었다. 이제 영국으로부터 한두 명의 사제가 재한일본 인사역에 전념하기 위하여 와야만 할 때가 되었다.

현재의 전망. 한국이 그리스도를 위한 일본인사역을 할 만한 사역지로 가장 전망 좋은 장소 가운데 하나가 되게 만드는 복합적인 이유가 있다. 일본인들이 그들에게 아주 좋은 식민지가 된 한국으로 넘어올 때 부분적인 이유는 상업이지만, 주된 이유는 행정상의 필요에 의한 것이었다. 이로 인해 두 가지 일이 벌어졌다. 먼저, 일본인들은 대개 가족 가운데 연로한 식구들을 뒤에 남겨두고 왔다. 이것은 종종 새로운 사상, 특히 새로운 영적 사상에 대한 가장 큰 장애물을 남겨두고 왔다는 것을 의미한다. 일본의 노인층, 특히 노인 여성은 불교에 집착하거나, 여하튼 가족 가운데 젊은 식구가 기독교인이 되는 것을 막고자 하는 반기독교적인 성향이나 의지를 가지고 있다. 40세 이하로 교육의 혜택을 받은 일본인의 대다수는 아무런 종교도 없거나 확고한 불가지론자들이다. 국가신도에 대한 추종이나 특정 불교 종파의 부흥, 그리고 일종의 크리스천 사이언스 같은 천리교라고 하는 새로운 종파 등이 발현하는 데도 사정은 마찬가지이다.[110] 게다가 일거리를 찾아 한국으로 넘어온 일본인 청년층 가운데 대부분은 매우 외로운데, 이러한 외로움이 어떤 새로운 지식에 대한 강렬한 열망과 결부될 때, 이들로 하여금 기독교를 탐구하게 만들며 많은 경우 놀라운 시작을 가져온다.

그러나 이유가 어떻든지 간에 크나큰 축복이 재한선교부의 재한일본인사역에 주어졌다는 사실은 분명하고, 또한 우리가 전망하기로는 이 분야의 사역에 사역자가 증가하면, 사역도 따라서 늘어날 게 확실하다. 또한 명심할 것은 이런 움직임들이 끝까지 지속되리라고 기대할 수는 없으며, 현재의 기회를 빨리 잡으면 잡을수록 더 좋다. 물론 전쟁[111]이 이곳뿐 아니라 다른 곳에도 많은 장애를 초래하고 있다. 그러나 우리가 꾸준히 기도해야 할 제목은 전쟁이 끝나자마자 이 사역이 크게 확장되는 것이다.

읍면 소재지의 사역. 일본인사역을 하는 대부분의 사역자들은 일본식 가옥에서 사는 것이 최상이라는 것을 깨닫게 된다. 그것은

---

110 크리스천 사이언스는 19세기 말 미국에서 생겨난 기독교 종파의 하나로, 초대교회의 치유 능력을 회복한다는 기치를 내세운 교회인데, 정통 기독교에서는 이단으로 보고 있다.
111 제1차 세계대전을 가리키는 것으로 추정된다. 제국주의 전쟁으로도 이해되는 이 전쟁은 1914년에서 1918년까지 지속되었으며, 서구의 도덕성에 치명적인 타격을 남겼다. 일부 선교사들도 이 전쟁에 참여하였다.

일본식 가옥이 기후에 전혀 맞지 않는 한국에서도 마찬가지이다. 일본인들은 지난 60년간 급속한 발전을 겪었음에도 불구하고 여전히 거의 모든 면에 있어서 매우 보수적인 민족으로, 이민을 오면서 자기들의 고유한 양식의 가옥과 의복을 가져오고자 한다. 따라서 (한국을 둘로 나눠서 볼 때) 일본인 인구가 결국에는 북쪽 지역보다는 남쪽 지역에 더 많이 몰리게 될 것 같다. 북쪽 지역은 겨울의 혹독함이 한결 더 심하기 때문이다. 예를 들자면, 부산 근방은 강들이 대개 겨울에도 얼지 않는데, 서울 근방의 큰 강은 겨울 동안 약 두 달간 얼어붙으며, 한반도 서북쪽에 큰 국경을 이루고 있는 압록강은 통상 매년 4개월 내지 5개월간 결빙된다.

부산과 서울은 우리의 두 군데 주요 거점 지역인데, 이들 두 곳에서 사역이 발전해온 양상을 비교해보면, 두드러진 차이가 눈에 띈다. 부산은 과거 수백 년간 종종 일본과 한국의 중심적인 접촉점이 되어왔고, 현재 매우 큰 일본인 도시가 되었다. 그곳에 있는 우리 교인들은 주로 상인계층, 혹은 이미 잘 정착되어 있는 계층에 속해 있으며, 따라서 관료계층처럼 변동이 심하거나 이동하지를 않는다. 그곳의 사역은 지속적이며 꾸준하다. 결코 놀랄 만큼 진전된 경우도 없지만 퇴보하지도 않으며, 아마도 우리 사역 가운데 가장 안정된 사역이라고 할 수 있다. 반면, 서울의 사역은 주로 관료계층 가운데서 이뤄져왔다. 따라서 사역의 부침이 심했다. 말하자면 한 번은 배수, 즉 대양 뒤편 후미진 곳에 있는 잔잔한 바다 위에 처해 있듯이 완전히 침체에 빠졌다가(당시 샤프 씨가 표현했던 바를 따르자면) 다음번은 앞으로 달려 나아가는 식이다. 최근 2년 간 괄목할 만한 진전이 있었고, 그토록 단기간 내에 무려 50퍼센트나 성장했다. 서울에는 3곳의 교회가 있으며, 한 곳은 영어 예배, 다른 곳은 한국어 예배, 또 다른 곳(성바우로 교회)은 일본어 예배를 드리는데, 일본인 회중은 (여하튼 대축일 기간에는) 교회 수용 인원보다 더 많이 모여 보다 큰 교회를 원하고 있다.

정규 교회 건물이 있고 정규 회중이 있는 이러한 지역에서는 여성사역이 매우 중요하다. 그리고 부산과 서울 모두에서 여성사역이 지속적이며 열정적으로 전개되어왔다는 것은 위대한 일이 아닐 수 없다. 대구에서 사역하는 그로스진 양은 상당 기간 혼자서 남성과 여성 모두를 위한 사역을 감당하는 영웅적인 일을 해냈다. 부산으로부터 사제가 매달 한 번씩 방문하기는 했지만 말이다. 하지만 이제는 대구에 상주하는 일본인 교리교사가 1명 있다. 그러나 다른 곳에 거주하는 교인들, 특히 엘링톤 양의 순회사역이 미치지 못하는 북쪽 지역에 거주하는 교인들 가운데는 유일한 정규 사역이라고는 성례를 베풀기 위한 사제의 정기 방문이 고작이다.

이런 정기 방문은 기껏해야 하루, 길어야 이틀을 묵는데, 이 기간 동안에 소규모 전도사역이 이뤄지기도 한다. 그리고 보다 더 거리가 먼 지역의 경우에는 일 년에 두 차례, 즉 봄, 가을에 한 번씩 방문이 이뤄진다.

이미 교회 건물을 확보한 읍면 소재지의 사역이 매년 증가함에 따라 2명의 사제의 시간을 전부 이 사역에 쏟아부을 수밖에 없다. 흩어진 지역의 사역을 위하여 사제 증원이 시급히 요청된다. 이러한 사역의 성장 결과, 여러 다른 큰 도시들 가운데서도 사역이 곧 증가될 것으로 예상된다. 오래전에 한국의 북쪽 중심 도시인 평양(Ping Yang)[112]에 터를 구입했는데, 거기에 교회 건물을 곧 지어야만 한다. 또 두 군데 항구, 즉 서남쪽 해안에 위치한 목포와 동해안에 위치한 원산(Gensan)[113] 모두에 고정적인 사역이 필요하다. 지난 2년간 주교가 소규모 견진예식을 위하여 멀리 압록강 지역까

112 당시 한국의 지명이나 인명의 영어명이 일관성 있게 사용되지 않았다.

113 선교사들은 시대의 변화에 따라 인명이나 지명을 다양하게 사용한다. 따라서 일제시대에 기록된 선교사들의 문헌에는 일본식 명칭이 많이 나온다. 이를테면 대표적인 지명들은 다음과 같다. 안동: 안도, 재령: 사이네이, 제물포(인천): 진센, 춘천: 슌센, 철원: 데츠겐, 청주: 세이슈, 전주: 젠슈, 부산: 후산진, 해주: 카이슈, 함흥: 캉코, 회령: 카이네이, 강계: 코카이, 경주: 코슈, 구창: 쿄쇼, 구마산: 큐마산, 군산: 군산, 광주: 코슈, 목포: 몰포, 용정(룽친춘): 류세이, 평양: 헤이조, 서울(경성): 게이조, 송도: 카이조, 성진: 죠쉰, 순천: 쥰텐, 선천: 센센, 대구: 타이큐, 동래: 토라이, 통영: 토에이, 원주: 겐슈, 원산: 겐산, 양평: 요헤이, 영변: 네이헨, 고성: 코조.

지 두 번이나 간 적이 있다. 또한 동북 지역 끝자락에 아직 견진예식을 받지 못한 다른 교인들이 있는데, 이들은 그곳에 오래 상주하면서 자신들에게 견진예식을 준비해줄 사역자가 오기를 바라고 있다. 현재 일본인 교인이 있는 지역이 무려 40군데 정도나 되며, 그 수는 꾸준히 늘고 있다. 이 밖에도 우리의 중심적인 한국인 교회 주변에 거주하는 일본인들을 위한 사역은 어디서건 모임으로 발전되어 나아갈 조짐을 보이고 있다. 현재 이런 지역에 있는 사제는 일본인사역을 통역을 통해서만 할 수 있다. 새로운 사제들이 선교부로 올 때, 점차 이들이 일본어를 배워야 할 필요가 늘게 될 것이다. 그들이 어떤 사역을 하게 되건 상관없이 말이다. 한국인들은 탁월한 언어학자들로, 이제 모든 학생들은 일본어를 의무적으로 배워야만 하는데, 매우 빨리 습득한다. 일본어 지식은 점차 모든 선교부에 필요하게 될 것이다.

구도자를 대하기. 일본인사역의 상황 가운데 몇 가지를 독자들에게 실감나게 전하기 위하여 구체적인 예를 몇 개 들겠다. 그러나 명심할 것은 이런 예들은 단지 특정 사역자의 경험일 뿐, 모든 지역에 해당되는 것은 아니란 점이다.

지난 2년간 서울에서 가장 괄목할 만한 두 부류의 구도자들은 다음과 같다. 첫째, 상당한 신분에 속하는 여성들, 즉 서울에서 일하는 관료계층의 부인들이다. 둘째, 젊은 남녀들이다. 오늘날 일본제국의 기독교 사역은 종종 로마제국 당시 초대교회의 사역과 놀라울 정도로 유사성을 드러낸다. 그런 유사성 가운데 한 가지는 서울에서 고위관료의 부인들이 교회로 오고 있다는 것이다. 막상 고위관료 자신들은 종종 그들의 공적 지위로 말미암아 기독교인이 되지 못하고 있다. 어떤 경우, 그들은 성경이나 다른 기독교 서적을 조심스럽게 탐구할지 모르나 회심할 정도까지 자신들의 마음과 의지를 내려놓는 일은 거의 없다. 그러나 동시에 그들은 자신들의 부인이 기독교인이 되는 것을 반대하는 일은 더욱 없다.

1915년 대강절[114]에 12명이 견진예식을 받고자 주교에게 나왔는데, 이것은 선교부가 존재한 이래 가장 큰 규모였다. 이들 가운데 5명은 젊은 남성들로, 자신들의 기독교 이름[115]으로 예수의 열두 사도 가운데 첫 번째 5명의 이름을 택했다. 베드로는 이들 젊은이 가운데 유일하게 최근에 회심한 사람이 아닌 신앙 연조가 긴 사람으로, 도쿄에 사는 교인 가정에서 태어났으며, 유아세례를 받았다.

114 예수 그리스도의 탄생을 기념하는 성탄절의 절기가 시작되는 날로, 성탄절 4주 전이다. 혹은 대림절, 강림절이라고도 부른다.
115 즉 세례명.

그는 조선은행[116]에 다니는 행원이었다. 안드레는 기상청 직원, 야고보는 시청 직원, 요한은 우체국 직원, 그리고 빌립은 전신국 직원이었다. 이들은 구도자로 교회에 온 젊은 청년들이 어떤 부류인지를 보여주는 좋은 예이다. 이 젊은이들은 대부분 고등교육을 받았고, 군대에서 2년간 복무했으며, 가족을 떠나 정부기관에 채용되어 (더 나은) 월급을 받을 요량으로 한국으로 건너온 사람들이다. 당시 공무원의 경우, 일본 본토보다 한국에서 일하면 월급이 더 많았다. 이들이 구도자로 교회에 오는 것은 서울의 사역에서는 상대적으로 새로운 발전 양상인데, 앞으로 계속될 것으로 예상된다. 또 다른 최근의 예로는 서울 외곽 2마일 정도에 위치한 군병원의 하사관을 들 수 있다.

작년 여름, 사제의 숙소로 2주 동안 3명의 젊은이가 찾아왔다. 이들은 서로 아무런 관계도 없었으며, 구도자로서 각각 다른 날 밤에 왔다. 그러나 일본인이란, 특히 당신을 잘 알지 못하고 어떤 특정 주제에 대하여 문의하러 왔을 경우 부끄러움 때문에, 또한 일종의 예의바름 때문에 통상 본론을 꺼내는 데 오랜 시간이 걸린다. 심지어는 일반적인 대화를 끝내고 작별인사를 한 뒤, 문으

116 한국은행의 전신.

로 나가는 도중에 "오! 그런데"라고 말을 하면서 비로소 그가 당신 집에 오게 된 이유인 특정 주제를 꺼내기도 한다. 그러나 종종 당신은 앞서서 나누었던 우회적인 대화를 통해 구도자에 대하여 이미 많은 것을 알아낼 수 있다. 지금 이 3명의 구도자들을 언급하는 이유는 일본의 현대 젊은이들이 얻고자 하는 지식, 곧 전 세계적인 지식이 어떤 종류인가를 보여주려고 하는 것이다. 그들 중 하나가 대화 가운데 묻기를 "당신 생각에는 『햄릿』과 『맥베스』 둘 중에 어떤 것이 더 위대한 비극인가요?" 물론 그는 자기가 원어인 영어가 아닌 일본어 번역본으로 셰익스피어의 작품을 읽었다고 설명을 했다. 두 번째 청년은 독일 철학자 니체에 대한 유사한 지식을 과시했고, 세 번째 청년은 사제가 톨스토이의 소설 가운데 어느 것을 가장 좋아하는지를 알고 싶어 했다. 아무리 그들의 독서가 백과사전적이고 제대로 소화해내지 못한 것일지라도 이런 젊은이들은 질문이나 탐구 없이는 기독교를 받아들이지 않을 것이다. 그러나 종종 탐구는 머리뿐만 아니라 가슴과 의지에도 영향을 준다는 점을 특별히 유의해야 한다.

흩어져 있어서 소외된 교인들을 위한 순회사역. 일 년 내내 현재 본부에 있는 사역자들의 시간을 점유해버리는 일들이 산더미처럼 많지만, 사제들은 일 년에 두 차례 몇 주간, 시골 여행을 위해 길을 나서야만 한다. 그런 여행에서 어떤 일이 벌어질까?

매일 서울에서 동해안에 있는 항구 가운데 가장 중요한 항구인 원산으로 가는 직행 열차가 있는데, 이 열차를 이용하여 여행을 한다. 열차는 정거장마다 서기 때문에 원산에 도착하려면 하루가 꼬박 걸린다. 하지만 일반적으로 이 하루 일정의 여행을 단번에 가는 것은 아니다. 이 열차 구간 중 두 곳에 방문해야 할 개인 교인들이 살고 있기 때문이다. 이들 중 한 명은 기관사의 아내로, 자기 스스로가 발견한 귀한 것이 무엇인가에 대하여 다른 사람들에게 소박하게 보여주려고 노력하고 있고, 그래서 그곳에 사는 2명이 세례준비자로 허입되었다. 경원선 구간의 또 다른 역에는 역장 부인이 성찬례에 참석하는데, 그녀는 정식교인이다. 원산항에는 가족 전체가 믿는 가정이 하나 있고, 2명의 개인 교인이 있는데, 이들은 이미 일본에서부터 신자였다. 사제는 이들에게 성례를 베풀고, 그들의 신앙을 세워주기 위하여 방문하며, 벌써 2명의 자녀에게 세례를 베풀었다.

이 방문을 상세히 기록하면, 그 밖의 다른 곳에서 어떤 일이 벌어지는지를 알 수 있을 것이다. 가능하면 교인들은 사제를 맞이하러 역으로 나온다. 일본에서는 손님이 올 때, 역에서 맞이하고 다시 역까지 배웅하는 것이 예의바른 관습이다. 철도회사는 이런 사람들이 플랫폼까지 갈 수 있는 입장권을 발매함으로써 아주 큰돈을 벌고 있다. 사제는 종종 시골을 방문할 때, 지방의 일본식 여관에서 숙박한다. 어떤 곳에서는 사제가 교인들의 가정에 머물도록 초청을 받기도 하지만, 교인들은 종종 그들이 외국인을 충분히 잘 접대할 수 없다고 생각해서 사제가 여관으로 가는 것을 더 선호한다. 그러나 사제는 초청을 받으면 언제나 교인 가정으로 가는데, 그것이 여러모로 많은 기회를 제공하기 때문이다.

대부분의 일본식 여관은 이층이며, 통상 이층에서 맘에 드는 방을 고르면 된다. 그리고 그 방에서 당신은 모든 것을 하게 된다. 즉, 거기서 묵고, 친구들과 대화하고, 식사를 하고, 밤에는 잠을 잔다. 그리고 종종 그 방에서 당신이 다른 여정을 향해 나아가기 전에 당신을 찾아온 교인들을 위하여 그 다음날 성찬례를 베풀기도 한다. 여관에서 만났던 교인들이 여관에서 일하는 사람들에게 영향을 미치게 되는데, 여러 차례 이른 아침에 거행하는 이 장엄한 행사는 그런 영향의 절정을 이루곤 한다. 특히 원산에 있는 여관의 경우, 여관 주인, 짐꾼 한 명, 여자 종업원 한 명이 구도자로 다가와서 기독교에 대하여 더 알기를 원하고 있다. 그들은 기독교에 대하여 설교를 듣지는 못했으나, 여관에 예배를 드리려고 때때로 모이는 교인들의 작은 무리 가운데서 기독교가 어떻게 실천되고 빛을 발하는지를 목격했던 것이다. 그렇다고 해서 자연적인 환경이 당신이 영국에서 익숙한 것과 비슷하지 않나 하고 상상해서는 절대 안 된다. 이를테면 당신이 여관에 처음 들어설 때, 초인종이나 문을 두드리는 쇠고리를 발견할 수 없으며, 그저 현관에 서서 누군가가 당신의 목소리를 들을 때까지 소리를 질러야 한다. 그러고 나서 현관에서 신발을 벗어야 한다. 모든 일본인들은 집에 들어갈 때, 혹은 교회에 들어갈 때 신발을 벗기 때문이다. 만일 당신이 저녁에 일찍 여관에 당도하면, 저녁식사 전에 목욕을 한다. 식사에는 칼도 포크도 없고, 버터 바른 빵도 없으며, 우유도 없다. 평균적인 식사는 일본식으로 익힌 쌀밥을 젓가락으로 먹는 것인데, 여기에다가 날생선, 해초, 국(보통 생선국), 야채절임이 조금씩 나온다. 밥을 제외하면 반찬의 양은 극히 적다. 만일 여관에서 당신을 잘 대접하고자 할 경우에는 아주 질기긴 하지만 고기도 조금 내놓는다.

일본인사역과 한국인사역 간에는 시골 여행에서 차이점이 있다. 한국인사역의 경우에는 일정 지역에서 이뤄지기 때문에 짐꾼을 부리거나 혹은 하인을 동반하는 것이 아주 불가능한 것이 아니고, 한 번에 불과 며칠 정도만 집을 떠나 있어도 된다. 하지만 일본인 교인을 방문하는 여행은 기차로 수백 마일을 가야 하기 때문에 기차 값이 비싸서 하인을 대동할 수 없다. 며칠 정도가 아니라 한 번에 몇 주나 집을 떠나게 되기에, 또한 기차에서 내린 뒤 다시 자전거를 타고 가야 할 때도 있기에, 당신이 가져갈 수 있는 짐의 양은 매우 제한될 수밖에 없고, 따라서 서양식 음식을 가져갈 수 없다. 다행히 여러 면에서 극히 청결한 일본인은 식사에 관해서도 마찬가지이기 때문에 서양인도 잠시 동안은 큰 어려움 없이 일본인의 식사를 먹을 수 있다.

일본식 여관에는 가구가 거의 없다. 의자도 없고, 그저 바닥에 얇은 방석이 있을 뿐이다. 탁자도 없고, 불과 몇 인치[117] 높이의 작은 일본식 탁자가 있는데, 이것이 성찬례를 거행할 때 제단으로 사용할 수 있는 유일한 가구이다. 사제는 성찬기와 성찬보, 십자가와 촛대를 가지고 다니며, 휴대용 제단은 그가 가지고 다니는 짐의 한계를 넘는다. 그러고 나면 밤중에 교인들과 아마도 한두 명의 구도자가 이야기를 마치고 나서 물러간다. 그런 다음, 졸음이 가득한 여종업원이 침구를 가져와 바닥에 깐다. 이것은 일종의 양탄자와 매트리스의 중간물이라고 할 수 있는데, 길이가 기껏해야

---

117 10여cm.

5피트[118]를 넘는 경우는 없다. 일본 베개 역시, 음식과 마찬가지로 익숙해지려면 여간 애를 쓰지 않으면 안 된다.

순회사역 중 또 다른 어려움은 바로 언어이다. 읍면 소재지 사이를 여행하다 보면, 종종 일본인을 만나지 못한 채 20마일 내지 30마일[119]을 갈 수 있다. 그래서 한국어를 말할 수 없을 경우, 완전히 길을 잃어버리기 십상이다. 하지만 10년 안쪽으로 많은 시골 어린이들이 일본어도 잘할 수 있게 될 것이기 때문에 이런 언어상의 어려움은 대체로 사라지게 될 것이다.

원산에서 배를 타고 여행을 계속할 수 있는데, 북쪽으로 두 곳의 작은 항구가 있고, 그 항구마다 교인 가정이 있어 거기서 밤에 묵을 수 있다. 바다 여정은 청진(Seishin)항에서 끝나는데, 이 항구는 점차 그 중요성이 커지고 있고, 마침내 원산에서 시작되는 동해안 철도 노선의 북쪽 종착역이 될 것이다. 청진으로 가거나 거기서 돌아올 때 종종 큰 기선을 탈 수 있는데, 그럴 경우 200마일[120]에 이르는 거리를 불과 하루 밤낮에 도착한다. 그러나 두 곳의 보다 작은 중간 규모의 항구를 방문하기 위해 다른 경로를 택할

118 약 150cm.
119 약 32~48km, 80~120리.
120 약 320km, 800리.

경우에는 조그만 연안 기선을 타야만 한다. 그 기선의 식사는 보통 일본식 식사와 비교해보더라도 너무나 이상하기 짝이 없다. 기선들은 청진에 가거나 거기서 돌아올 때 4일 내지 5일이 걸린다. 그러나 그런 기선에도 통상적으로 신앙에 대하여 묻고자 하는 사람들이 있게 마련이라 전적으로 시간 낭비를 하는 것만은 아니다.

청진에서부터 남쪽으로 1마일 지점에 나남(Ranan)시[121]가 있다. 그 도시는 최근에 사단 본부가 들어섰고, 그래서 급속히 커져가고 있다. 그곳에 교인 가정이 있는데, 이들은 우리들에 대해 전혀 들어보지 못한 채 한국에서 2년이나 지냈고, 우리도 마찬가지였다. 2명의 어린 자녀들은 아직 세례를 받지 못했고, 어머니는 성찬례를 받을 기회가 없었으며, 남편도 일본에서 세례는 받았으나 견진예식을 위한 준비를 받을 수 없었다. 의심할 것 없이 한국의 다른 지역에도 이와 유사한 경우가 있을 것인데, 이런 사람들은 순회사역 전담사제가 생기기 전에는 드러나지 않을 것이다. 그래서 상황이 이런 식으로 지속될 수 있으며, 정기적인 조사가 이뤄져야만 할 것이다. 그리고 이런 가정들은 외롭기는 하지만, 우리 영국인들이 호주의 외딴 내륙지방이나 캐나다의 대평원에 있는 것과 같은 양

---

121 당시 일본어로 라난. 러일전쟁 후 일본군의 병영 건설로 커졌고, 해방 후 청진시로 흡수되었다.

상은 아니다. 하지만 자연의 외로움은 군중의 외로움만큼 끔찍하지는 않다. 다시 말해 하느님도 없고, 그래서 종종 교회도, 아무런 기독교적 징표도 없는 그런 군중 속에서 느끼는 외로움 말이다. 이렇게 흩어져 있는 기독교인들 가운데 많은 사람들은 아주 놀라운 방식으로 매일 그들의 기도생활—개인기도 혹은 가족기도—에 몰두하고 있다. 우리는 적어도 일 년에 두 번 그들에게 성찬례에 참석할 기회를 주도록 노력하고 있으나 사역이 늘어남에 따라 점차 더 어려워지고 있다.

그리고 부산에 있는 일본인 교회가 해왔던 한 가지 사역은 그것이 매우 유용하다는 것을 보여준다. 이 사역은 지난 수년간 아주 훌륭하게 이뤄져왔다. 4쪽으로 된 월간지가 발행되는데, 거듭되는 어려움, 특히 재정적인 어려움이 있으나 일반적으로 성공을 거두고 있다. 물론 이 잡지는 다른 여타 중심적인 교회 본부에서도 구할 수 있으며, 그곳의 월별 보고서가 잡지에 인쇄된다. 그러나 이 잡지의 가장 유용한 기능을 꼽으라면 흩어져 있는 교인들과 본부를 잇는 역할을 수행하는 것이며, 따라서 교인들에게 정기적인 교회 소식과 영적 읽을거리를 제공한다.

청진에는 교인 가정이 셋 있으며, 동시에 견진예식을 준비해야 할 개인 교인이 3명 있다. 여기서 돌아오는 배편을 기다리느라 종종 하루나 이틀 정도 보낼 때가 있고, 그동안 교육을 할 수 있다. 그러나 이런 식으로 배를 기다리는 일은 믿을 만한 것이 못된다. 따라서 이런 문제를 극복할 수 있는 유일한 대안은 순회사역을 위한 전담사제를 따로 두는 것이다. 만일 누군가 추가적인 순회사역을 위한 전담사제의 필요성에 대해 거듭해서 언급하는 것에 그만 지쳐버렸다면, 이제 그런 생각을 내려놓고 그런 필요가 신속하게 채워지도록 다시금 기도를 해야 할 것이다.

청진 북쪽에 해안으로부터 내륙 방향으로 새로운 60마일 철도가 회령(Hwainei)[122]까지 부설되었다. 이곳은 두만강변의 큰 국경 도시로, 거기서 만주의 동쪽 지역으로 국경을 넘어 들어갈 수 있다. 그러나 산맥 사이에 철도를 부설하기란 아주 어려워서 임시 경철도가 놓여 있다. 이 경철도는 실제적으로 경사를 완만히 하거나 평탄 작업을 한 흔적이 없다. 이것은 원래 러일전쟁 동안 일본인들이 이 지역에 있던 러시아인들과의 소규모 접전용으로 사용되던 것이다. 이 경철도를 달릴 수 있는 유일한 열차는 지금으로서는 널빤지로 만든 단칸짜리 철도용 손수레들이다. 이것은 사방 약 1야

---

122 당시 일본어로 카이네이이며, 필자는 화이네이로 표기했다. 그런데 음성학에서 k와 h는 교환이 되는 유사음이다.

드 정도[123] 길이인 평평한 정사각형으로, 철도에서 약 1피트[124] 정도 떨어져 있다. 이런 철도용 손수레들에는 그것에 맞게끔 제작된 좌석이 몇 개 있으나 종종 이것들이 다 차지되는 바람에 좌석 없이 그냥 가야 할 때도 있다. 물론 일본인들은 철도용 손수레 위에 일본식으로 양반다리를 하고 앉는다. 하지만 서양인의 경우, 비록 일본식 가옥의 방에 놓인 부드러운 방석 위에서 양반다리를 할 수 있는 사람일지라도, 흔들거리는 철도용 손수레의 판자 위에서 그런 자세를 취하기란 너무도 어려운 일이다. 그리고 다리를 앞으로 쭉 뻗은 채 장시간 바람을 맞다 보면, 차츰 졸리게 되어 발이 점차 밑으로 내려가다가 마침내 철로의 침목에 걸리기라도 하는 날이면 발목이 부러지고 만다. 이처럼 투박한 여행은 종종 불과 60마일[125]밖에 안 되는 거리를 13시간이나 걸리게 하는데, 기동력이라고 해봐야 한국인 혹은 중국인 노동자 두 명이 뒤에서 채를 저어서 손수레를 미는 것이 고작이기 때문이다. 비록 언덕을 내려갈 때는 속도가 제법 나지만, 오르막길에서는 늦어질 수밖에 없다. 고약한 날씨를 막아줄 것이 없기에 일기가 나쁘면 가는 도중에 밤을

123 약 90cm.
124 약 30cm.
125 약 100km, 240리.

새울 수도 있고, 가다 보면 높은 고개가 나오는데, 거기에서는 승객들이 다 내려서 5마일을 걸어야만 한다. 사제의 입장에서는 이런 모든 것이 단 한 사람의 교인에게 가자고 하는 일이다. 그는 국경 도시 회령에 있는 조선은행의 청년 직원이다. 그러나 기억할 것은 일 년에 두 번 있는 이런 여행이 그에게는 성찬례를 받거나 사제의 도움을 얻을 수 있는 유일한 기회이다. 사제는 저녁 9시경 몹시 피곤한 가운데 도착하여 저녁부터 한밤중까지 이야기를 하고, 다음날 새벽 6시에 거행할 성찬례를 준비하려고 5시에 일어나고, 아침을 먹은 뒤 다시 떠나면, 그 후 6개월은 못 보게 된다. 바라기는 이런 여행의 최악의 사건이 과거지사가 되고, 청진에서부터 진짜 철도가 속히 부설되는 것이다.

우리 교회에는 또 다른 2명의 청년이 있다. 한 명은 우체국에 근무하고, 다른 한 명은 산림청에 다닌다. 이들은 한반도 북쪽에 있는 중앙산맥들 한가운데 있다. 그곳은 어떤 철도 종점으로부터도 멀리 떨어져 있어서 서울에서부터 철도 종점까지 가는 시간을 빼고서도 왕복하는 데 1주일이 걸린다. 그래서 이 두 청년에게는 아직 어느 사제도 가지 못했다. 우리가 할 수 있는 모든 것을 하지만, 여전히 이 사역은 우리의 힘이 미치지 못하는 곳에 있다. 비록 우리 교구에 소속된 일본인 교인들의 숫자가 아주 적어서 한국인 교인의 10퍼센트도 채 되지 못하지만 말이다.

결론. 우리에게는 일본인을 위한 교육사역은 없다. 우리는 정부 학교의 학생들을 개인별로 돕고 있으며, 오늘날 한국 교육의 미래를 볼 때 교육에 관하여 어떤 사역을 한다면, 그것은 선교학교보다는 기숙학사가 될 것이다. 그러나 이런 분야에 있어서도 아직 그 문제는 그리 급하지 않다.

남녀 교리교사 훈련은 한 가지 예외를 제외하고 오늘날까지 일본에서 공급되고 있다. 그러나 우리가 우리 교인 가운데 훈련생을 찾을 수 있다면, 우리 입지는 더욱 공고해질 것이다. 비록 앞으로도 오랫동안 이런 훈련생들을 훈련하기 위해 일본으로 보내야 하겠지만 말이다.

1916년 대회에서 교구의 조직이 교회 헌장적 성격을 띠기 시작했는데, 사역에 있어서 일본인 분야와 한국인 분야를 조직하는 데 가능한 한 유사한 방식으로 하도록 계획되었다. 또한 이 조직이 발전함에 따라, 이 조직이 네 개의 중심교회들이 각각 별개의 단위가 아니며, 함께 앞으로 나아가고, 가능한 한 흩어진 사역을 도와야 한다는 점을 더욱 분명히 깨닫는 데 도움을 주기를 바란다. 기도서에 대해서는 우리는 일본성공회의 개정 기도서를 사용한다. 일본인과 조선인이 함께 예배드리는 광경이 현재로서는 드물지만, 보다 더 자주 있게 되기를 바란다. 서울에서 우리는 그런 목적을 이룰 한 가지 방법으로서 중앙교회, 혹은 가주교좌성당(pro-cathedral)[126]의 건축을 기대한다. 하느님께서 한국의 일본인사역에 내리신 모든 희망과 축복들과 더불어 우리가 기도하기는 하느님께서 이 두 민족 사이의 관계에 관련된 모든 문제에 있어서 교회를 올바르게 인도하시고, 우리 구세주 예수 그리스도의 신앙으로 이 두 민족 모두가 궁극적으로 회심하는 데 우리가 한몫을 하게 도와주시는 것이다.

---

126 이재정은 이것을 미완성 건물이라서 '대성당 대용교회'라고 불렀다고 한다. 이재정 『대한성공회백년사』, 140쪽, 주 51.

제 5 장
의료사역

-앤 버로

한국 의학의 과거와 현재. 한국에는 아주 먼 옛날부터 고유한 의사들이 존재해왔다. 한국은 거대한 이웃인 중국으로부터 의학 체계를 차용했으며, 사실 한국은 중국으로부터 모든 영역에서 영감을 구해왔다.

한국의 구학파에 속하는 의사들, 즉 한의사들은 오늘날 그들의 아득한 조상들과 외양이나 시술에 있어서 거의 다를 바가 없다. 그들에게 시술이란 여전히, 대체적으로 침 혹은 뜨거운 바늘을 사용하는 것이라고 요약할 수 있다. 이 침은 과거 수천 년 전에 사용됐던 방식과 똑같다고 할 수는 없지만, 거의 동일한 방식으로 사용되고 있다. 이러한 의사들은 인체 해부에 대한 대략적인 지식을 가지고 있으며, 제자들에게 바늘을 꽂아야 할 정확한 위치를 가르쳐준다. 그 이유는 물론 원하는 효과를 거두기 위해서지만, 급소에 침놓는 일을 피하기 위한 것이기도 하다. 외과 치료가 필요한 질병으로 인해 우리를 찾아오는 환자들 가운데 대부분, 그리고 내과 질환 때문에 오는 환자들 가운데 상당수가 이러한 침 자국을 지니고 있다. 그것은 그들이 먼저 한의사를 만나봤는데, 그들의 치료가 별 효과가 없다는 것을 깨닫고, 혹시 우리들이 뭔가 해줄까 해서 찾아왔다는 것을 의미한다. 종종 이러한 방문은 한의사의 권유로 말미암은 경우도 있다. 오늘날 한국인들이 일반적으로 솔직하게 인정하고 있는 바대로 뭔가 절개[127]를 해야만 할 경우, 우리들이 훨씬 더 낫기 때문이다. 그럼에도 불구하고 첫째, 특히 시골에서는 한국인들은 여전히 자신들의 약(한약)의 우수성에 대하여 확신한다. 특히 자신들의 속병에 대해서는 더욱 그렇다. 둘째, 서양인이 한국인들의 신체 구조를 과연 제대로 이해할 수 있을까에 대하여 일반적으로 의구심을 갖고 있다. 그래서 다음과 같은 상황이 일반적이다. 즉 환자를 진찰할 때 관절, 혹은 보다 일반적으로 위 주위, 다리의 장딴지 부분, 혹은 기타 부위에 작은 침 자국이 일렬로

---

127 곧 수술.

나 있는 것을 발견한다. 이러한 치료는 우악스러우며, 의심할 여지 없이 해를 초래한다. 그러나 대체로 생각했던 것보다는 그 해가 크지 않다. 바늘은 아주 뜨거운데—그래서 일반적으로 살균이 되어 있으며—실제적인 고통이 초래되는 것을 줄이고, 어린이들을 놀라게 하는 것을 막는 데 커다란 효과가 있다. 그러나 자주 이런 치료를 받은 환자의 경우, 병이 완화되기보다는 합병증을 불러오기 쉽다. 비록 그것이 그런 연유에서 비롯되었다는 것을 한국인 환자에게 확신시키기란 항상 어렵지만 말이다. 한국인들은 전통이 유구한 치료에 대한 확신이 그만큼 크다.

한의사의 의료 필수품 일습(一襲)에는 뜨거운 바늘 치료 이외에 고약이 있다. 이것은 침보다 훨씬 더 큰 해와 더 큰 고통을 초래한다. 침은 아마 환자의 신체에서 나쁜 영혼을 나가게 하려는 의도가 있는 것 같다. 비록 한국인들이 이런 것을 믿고 있다는 사실을 거의 인정하지 않지만 말이다. 한편 고약은 분명히 모든 나쁜 영혼이 환자의 신체로 들어가는 것을 막으려는 의도가 있다. 이 고약은 상처로부터 나오는 모든 고름을 효과적으로 막아버리고, 공기의 유입도 완전히 차단한다. 이 고약은 밀가루, 진흙, 나뭇잎 혹은 가장 일반적으로는 거의 만능으로 사용되는 두꺼운 한지로 만들어졌는데, 종기나 상처에 단단히, 거의 무한정 붙여놓는다. 따라서

환자들은 서양인 의사의 손에 들어오기 전까지는 끔찍하게 고통
을 받게 마련이다. 또한 뜸이란 것도 있는데, 이것은 과격한 형태의
유도자극법이다.[128] 사람들은 이 뜸의 효용을 많이 믿지만, 큰 해를
초래할 가능성이 높다.

　순수 내과의 영역에서는 한의사들은 본초학자들인데, 그들은
우리 서양의 대증요법 의사들이 허용하는 분량보다 훨씬 더 많은
양을 복용해야 한다고 믿는다.[129] 즉, 어른은 약 1파인트[130]의 생피마
자유와 함께 한 대접의 약을 마신다. 어린이는 이 양의 절반을 마
시며, 그 밖에도 그들 나름대로 다른 약을 복용한다. 이들의 약초
에 대한 지식 가운데에는 아마도 우리들에게 가르쳐줄 내용이 뭔
가 있을 것이다. 그들은 우리 의료선교사들이 순수 내과 질환에서
는 자기들을 위하여 해줄 것이 별로 없다고 하는 신념을 오랫동안
지녀왔다. 따라서 여러 해 동안 우리가 경험한 바로는 외과병동이
내과병동보다 훨씬 더 많은 환자로 찼다. 그러나 지난 수년간 우리

---

128 혹은 반대자극법으로, 어떤 다른 자극을 부드럽게 하는 자극을 사용하여 치료하는 방
　　법.
129 본초학은 식물계, 동물계, 광물계의 산물로서 질병에 대한 치료와 처방을 목적으로 인
　　류 위생에 광범위하게 쓰이는 약물을 연구하는 학문으로, 약물 중 풀 종류가 가장 많이
　　쓰이기에 본초학이라고 한다. 대증요법은 병의 원인을 찾아 없애기 곤란한 상황에서 겉으
　　로 나타난 병의 증상에 대응하여 처치하는 치료법이다.
130 약 0.5리터.

가 그들의 외과적 질환을 치료해주면서 신뢰를 얻게 되었는데, 그런 신뢰로 말미암아 사람들이 다른 질환에 있어서도 우리에게 점점 더 자유롭게 다가오고 있다. 물론 두말할 필요도 없이 먼저 자신들의 처방을 실험해본 다음이나, 혹은 우리의 치료를 받는 동시에 자신들의 처방도 함께 쓰겠지만 말이다!

이상에서 언급한 내용에서 알 수 있듯이 전통 방식은 최근까지도 여전히 한국인을 크게 지배하고 있다. 따라서 우리의 외과 질환의 경우, 이전에 받은 치료로 말미암아 악화되지 않은 경우가 거의 없었다. 또한 다른 질환의 경우에도 사람들이 의료선교사를 아무리 신뢰한다고 해도 우리의 치료를 자기들 나름의 치료법으로 보완하는 것이 일반적인 추세이다. 따라서 치료가 성공할 경우에 그 영예는 둘로 나눠지는 경향이 있으며, 혹은 한국식 처방이 칭찬을 독차지하는 경우까지 있다. 반대로, 치료가 성공하지 못할 경우, 서양식 치료가 모든 비난을 뒤집어쓰게 될 것이다. 한의사들은 또한 받을 만한 가치가 있는 치료를 받으려면, 치료비로 많은 돈을 치를 준비를 해야만 한다고 사람들을 가르쳐왔다. 그 결과, 한국인들은 우리가 치료비를 높이 매기지 않는 한, 우리의 치료를 대단하게 여기지 않는다. 서양인 의사는 이곳에서의 경험도 부족하고 혹시나 환자가 치료비를 낼 수단이 충분치 않아 그냥 돌아갈까 걱정해서 치료비를 너무 낮게 책정하는 경향이 있는데, 환자가 치료비가 낮으면 그에 따라 치료의 수준도 낮게 평가한다는 것은 꿈에도 생각지 못한다.

이상의 사실들을 명심한다면, 또한 19세기 후반 한국인들이 그들의 의사보다 정보를 더 많이 갖지 못했다는 사실을 기억한다면, 우리는 우리의 첫 번째 의료선교사들이 1890년에 코르프 주교와 더불어 한국에 왔을 때, 그들이 봉착했던 미신과 인습과 새로운 것들에 대한 불신의 분위기가 과연 어떤 것이었을지 아주 잘 이해할 수 있다. 당시 한국은 아직 외부의 영향력을 크게 느끼지 않았다. 비록 크나큰 결과를 가져올 정치적 사건이 임박해 있었지만 말이다. 한국은 여전히 은자의 나라였고, 외부의 영향력으로부터 오랫동안 고립된 채 쇄국정책을 고수하려고 무진 애를 썼으나, 그럼에도 불구하고 외부의 영향력은 점차 강하게 느껴져왔다. 당시 여러 어려움들이 존재했는데, 이에 대해서는 오늘날 한국에서 사역하는 의료선교사들은 전혀 감을 잡을 수 없을 것이다. 외국인에 대한 편견과 혐오, 그들이 조국을 떠난 동기에 대한 깊은 불신, 그들의 의료 행위에 대한 의구심 등 이 모든 것들이 의료선교사들에 대항했던 것이다. 다른 나라와 마찬가지로 한국에서도 이런 어려움들은 모두 우리의 선구자였던 초기 의료선교사들과 병원 설립자들에 의해서 극복되어야만 했다. 제물포에서 랜디스 박사가 언어와 관습을 배우고 사람들의 신뢰를 얻는 데 보냈던 세월은 오늘날 인근 지역의 한국인들이 선교병원에 보이는 존경과 신뢰 가운데 결실을 맺었다.[131]

일본인이 한국에 당도하여 권력을 장악함으로써 서양 의학은 이 나라에서 상당한 정도로 본래의 특성을 발휘하게 되었다. 모든 큰 읍면 소재지에 설비를 잘 갖춘 정부병원이 있는 것을 보게 된다. 모든 큰 시골마을마다 일본인 의사가 있으며, 약국이 있을 만한 정도로 큰 시골마을이면 어디건 일본인 약사가 서양 약과 의료 기구를, 예를 들어 부황, 유아용 젖병, 특허 받은 약이나 식품, 도구 등을 판다. 정부의 의학교와 병원은 매년 자격을 갖춘 수많은 한국인 의사와 간호사를 배출하고 있다. 선교병원은 치료나 훈련에서 뒤지지 않는다. 우리 병원 말고도 미국 선교부, 캐나다 선교부, 호주 선교부가 이 나라 각처에 크고 시설을 잘 갖춘 병원을 운영하고 있다. 한국에서 서양 의학의 위치가 이처럼 크게 변화한 것은 오직 한 가지 결과를 가져올 수 있는데, 다시 말해 점차 사람들의 편견을 무너뜨리는 것이다. 그들은 지금 그들의 옛 방식을 고수하는 입장에 있지만, 동시에 우리들에게서 얻을 수 있는 어떠한 가능한 혜택에도 눈

---

131 선교사가 선교사역의 일환으로 운영하는 병원으로, 선교병원 혹은 원래대로 미션병원이라고 부른다.

을 활짝 뜨고 있다. 그래서 서양인 의사는 만일 그가 환자에게 도착 가능한 지점에 있을 경우, 조만간 나쁜 증세를 치료해달라는 초청을 받게 될 것이다. 여전히 서양인 의사를 찾는 일이 너무 늦어서 아무 소용도 없게 되는 경우가 많겠지만 말이다.

영국성공회 재한선교부 산하의 의료사역. 이 사역은 1890년 코르프 주교와 더불어 와일스 박사와 랜디스 박사가 한국에 도착함으로써 시작되었다. 두 분 모두 매우 귀중한 초기 개척사역을 감당하였다. 와일스 박사는 1890년부터 1893년까지 서울에서 사역하였는데, 서울의 첫 번째 선교병원인 성 마태 병원(Mission Hospital of S. Matthew)은 대부분 와일스 박사의 너그러운 후원 덕택에 지어질 수 있었다. 랜디스 박사는 제물포에서 영국해군병원기금(the Hospital Naval Fund)의 후원을 받아서 사역을 시작했으며, 이 기금은 지금까지도 계속해서 제물포에 있는 성 누가 병원을 돕고 있다. 와일스 박사가 서울에서 시작했던 사역은 수년간, 발독 박사와 앨란 박사(Dr. Katherine Allan)[132]가 뒤를 이어서 담

---

132 이재정은 그의 이름을 K. M. Allen으로 표기하고 있는데, 아마 Allan이 맞는 것으로 추정된다. Allen은 제중원을 설립한 Allen의 철자에서 영향을 받은 것이 아닌가 한다. 이 재정 『대한성공회백년사』, 55쪽.

당했다. 발독 박사는 성 마태 병원에서 남성 환자를 돌봤고, 앨란 박사는 성 베드로 병원에서 성 베드로 수녀회의 수녀들의 도움을 받아가면서 여성 환자를 돌봤다. 이같은 서울에서의 사역은 1904년까지 줄기차게 진행되어왔으나, 1904년에 이르러 수도인 서울의 상황 변화로 말미암아 그곳의 사역을 폐쇄하고, 제물포의 사역을 발전시키는 데 집중하는 것이 바람직하다고 여겨졌다. 몇몇 미국 선교부가 이때쯤 서울에 좋은 병원들을 설립했으며, 얼마 안 있어 광범위한 정부병원사역이 실시되었다. 이에 반해 중요한 항구 도시인 인천에서는 랜디스 박사가 시작했던 소규모 사역이 발전된 것 말고는 다른 의료사역은 없었다.

인천의 성 누가 병원. 1904년 와이어 박사 부부(Dr. and Mrs. Weir)[133]가 인천의 성 누가 병원을 맡기 위하여 도착하였는데, 이것은 새로운 시대의 시작을 알렸다. 당시 이 병원은 의사가 부족하여 2년간이나 폐쇄되어 있었다. 이 같은 오랜 공백으로 말미암아 사역과 병원 건물 모두 상당한 피해를 입었다. 따라서 재건축을 해야 할 필요가 있었는데, 와이어 박사는 매우 어려운 언어를 배우

---

133 한국명은 그냥 우 의사라고 부른다.

느라 씨름을 하는 초기 단계였음에도 불구하고 재건축 사역을 용감하게 시도했다. 이 병원은 옛 건물의 기초가 안전치 못해 1904년에 실제적으로 재건축되었다. 불과 수년 뒤에는 사역이 크게 늘어나는 통에 여성 환자를 위한 병동 건물을 추가하는 것이 필요하게 되었는데, 이 건물은 1909년에 완공되었다.

한편, 풀리 양(Miss Pooley)과 라이스 양(Miss Rice)[134]이 입국함에 따라 서양인 직원이 늘어났으며, 이들은 각각 약사와 간호사였다. 이 시기부터 성 누가 병원의 사역은 지속적으로 발전해나아갔으며 입원환자 및 외래환자 숫자와 수술 건수 모두 크게 증가했는데, 특히 최근 5~6년간 그러했다. 병원은 인근에 있는 한국인들의 사랑과 신뢰 가운데 확실히 자리 잡았으며, 이 한국인들은 성 누가 병원을 한국인을 위한 병원으로 간주하여 기꺼이 우리에게 오곤 했다. 필요할 경우 환자들에게 입원을 권유하는 데 어려움을 당하는 일이 드물뿐더러, 오늘날 수술을 위한 승낙을 받는 데도 거의 어려움이 없다. 또한 인천에 있는 중국인 지역의 중국인들도 상당히 많은 사람이 우리의 단골이다.

현재 이 병원에는 남성 환자를 위한 병동 2곳, 여성 환자를 위

---

134 한국명은 그냥 이 부인이라고 부른다.

한 병동 1곳, 그리고 3개의 개인 병동이 있는데, 전부 합해서 40명의 환자를 수용할 수 있다. 이 숫자는 1915년에 여성 환자를 위한 병동의 수요가 급증한 탓에 오래된 세탁소를 개조해 만들었던 임시병동의 수용 능력까지 포함한 수치이다. 우리는 세탁소를 치료비를 낼 수 있는 상위층 환자를 위한 병동으로 사용해야만 했다. 별로 좋지 않은 병동이었는데도 정작 그들은 시설에 매우 만족해하는 것 같아 보였다. 환자들은 모두 침대 위에 누웠으며, 이 침대는 최근까지 나무판자를 못질해서 연결하고 버팀다리로 받친 간단한 구조로 된 것이었다. 그러나 위생상 전혀 바람직하지 않아서 현재 전반적으로 철제 침대로 교체 중이다. 우리는 침대시트를 제공하지 않는데, 한국인들이 그것을 좋아하지 않고, 그 용도를 이해하지 못해 괜히 세탁물만 쓸데없이 늘어나기 때문이다. 환자들은 담요로 덮은 매트리스 위에 누우며, 거칠고 표백하지 않은 옥양목으로 안을 댄 두꺼운 솜이불을 덮는다. 이것들은 우리 서양의 개념으로는 위생적이지 않으나 한국인들이 다른 무엇보다도 이것들을 훨씬 더 좋아하니 우리가 참을 수밖에 없다. 이것들은 세탁하려면 여간 성가신 것이 아니다. 전체를 일일이 다 뜯은 다음 다시 꿰매야 하고, 보관하는 데도 상당한 부피를 차지한다. 그러나 성 누가 병원은 항상 다음과 같은 원칙에 따라 사역하여왔다.

첫째, 환자를 행복하게 하고, 둘째, 환자들을 낫게 하며, 마지막으로, 환자들이 청결하고 위생적이 되도록 노력한다. 일테면 모든 한국인들은 흡연을 하는데, 그래서 우리는 그들이 아무 때고 흡연을 할 수 있도록 허락했다. 서양인 간호사는 담배 연기 때문에, 혹은 침대 위가 온통 담배꽁초나 담배쌈지 등으로 너저분한 것 때문에, 하루에도 몇 차례 마음이 심란해질지 모른다. 하지만 한국인은 뭔가 잘못되었다고는 꿈에도 생각하지 못하며, 한국인 간호사 역시 그런 것에 아랑곳하지 않을 것이다. 그들은 또한 병동이 아주 따뜻하기를 원하기 때문에 겨울에는 항상 큰 병동 난로를 계속해서 땐다. 더구나 창문을 온통 꼭꼭 닫아두어 병동 안은 견딜 수 없을 정도로, 또한 비위생적으로 더워져서 마침내 병원 직원이 나타나서 창문을 좀 열라고 재촉한다.

환자들은 일반적으로 하루에 두 끼를 먹으며, 간혹 세 끼를 먹을 때도 있는데, 이 경우에는 점심으로 간단한 요기를 하든지 아침에 남은 것을 먹는다. 아침과 저녁이 식사 시간이지만, 실제 식사 시간은 매우 유동적이어서 일정을 정확하게 유지하고자 하는 외국인 병원 직원에게는 큰 골칫거리가 아닐 수 없다. 여름에는 사람들이 아침에 7시에서 8시 사이에 일찍 식사를 하고, 저녁에는 늦게, 이를테면 7시쯤 식사를 한다. 그러나 겨울에는 날이 늦게 밝기 때문에 사람들이 일반적으로 늦게 일어나는데, 따라서 아침식사는 9시를 넘기기 일쑤이다. 의사가 원하는 시간에 일과를 시작하는 것이 아침식사를 제대로 차려먹는 것보다 훨씬 더 중요하다는 사실을 한국인들에게 인식시키기란 너무나도 힘들다. 주식은 밥이며, 모든 환자가 큰 밥그릇으로 밥을 먹는다. 아주 조그만 어린이들까지도 엄청난 양을 쉽사리 먹는 것을 보면 놀라울 정도다. 환자들 가운데 보다 가난한 사람들은 밥과 더불어 거의 예외 없이 김치[135]를 먹는데, 이것은 일종의 사우어크라우트(sauerkraut)[136]이다. 그 밖에 반찬 혹은 전채(前菜)를 조금 먹는데, 조그만 마른 생선이나 생무 등이다. 한국인 환자는 환자 친구들의 견해에 의할 것 같으면, 매일 먹어야 할 식사량을 먹지 못할 경우 매우 심각한 환자이다. 환자용 식사는 항상 말썽거리이다. 환자는 밥을 간절히 원하는데, 달리 밥을 대신할 대용식이 없기 때문이다. 대용식으로 의존할 만한 우유도 없으니 진짜로 심각한 환자를 위해 조심스럽게 음식의 질을 맞춘 식사를 마련하는 것이 쉽지 않다. 우리는 일반적으로 여러 가지 방법으로 만든 으깬 밥, 즉 죽의 다양한 형태에 의존하거나 다양한 종류의 수프, 달걀 등을 사용한다. 친척들

135 본문에는 김지(kimji)라고 나온다.
136 독일 김치. 잘게 썬 양배추에 식초를 쳐서 담금.

과 친구들은 항상 환자가 식욕이 있는지 없는지 애처로울 정도로 염려하며, 의사야 허락하든 말든 혹시 식욕을 돋울까 해서 온갖 종류의 한국식 진미를 가져다준다. 간혹 특정 징후에는 어떤 먹을거리가 약효가 있다고 하는 확신에 따라 행동을 하기도 하는데, 그것이 옳을 때도 있지만 잘못되기 쉽다. 이런 경우, 그들은 보통 의사와 곧 언쟁을 벌이는 모습을 보인다. 그 까닭은 이를테면 다음과 같다. 환자가 급성 복막염으로 심각하게 아픈 상태인데, 친척이 밤중에 야간 경비원이 병동 난로 곁에서 평화롭게 선잠을 자는 동안 환자에게 몰래 한국산 돼지고기를 먹인 것이다. 다음날 환자가 위독해지자 그 친척은 겁에 질려 자백을 하고 만다.

환자의 종류. 우리들의 환자는 대부분 읍면 소재지에 거주하는 가난한 주민들, 소농, 뱃사공, 소규모 소매상인, 그리고 시골사람들이다. 모든 큰 읍면 소재지에 훌륭한 정부병원이 있는데도 이런 종류의 환자들은 우리 선교병원을 간절히 필요로 한다. 그들은 돈이 거의 없기에 대부분의 일본 병원에서 요구하는 병원비를 낼 도리가 없다. 성 누가 병원은 언제나 가난한 자를 위한 병원이었으며, 이들은 우리들을 아주 자유롭게 찾아와서 치료비를 낼 수 있는 만큼 내고 간다. 그러나 최근 들어 제물포의 부유한 상인층 가운데 상당수가 우리를 찾아오면서 그들의 아내나 딸들도 치료차 병원을 찾고 있다. 우리는 환자들 가운데 그들이 포함되는 것을 반긴다. 비록 현재는 그들을 제대로 수용하지 못하지만, 그들은 접근이 쉽지 않은 영향력 있는 계층이기 때문이다.

치료비. 오랫동안 환자들은 치료비를 거의 내지 않았다. 보다 가난한 환자는 기껏해야 아주 적은 비용을 내거나, 혹은 달걀 한 꾸러미를 낼 수 있을 뿐이다. 달걀 한 꾸러미래야 짚으로 달걀 열 개를 묶은 것인데, 그 값은 대략 2펜스 반 정도이다. 보통 2펜스 반이나 3펜스 정도의 치료비는 의사 진찰비와 일반적인 약 한 병 값을 포함한다. 특별한 약품, 가령 키니네 같은 것을 위해서는 치료비를 약간 더 낸다. 보다 부유한 환자에게는 그들의 생활수준에 맞게 치료비를 지불할 것을 요구하는데, 막상 치료비를 산정하기가 어려운 것이 외국인은 한국인의 외모만 봐서는 누가 가난하고 누가 부자인지를 정확하게 분간할 수 없다. 알아두면 좋을 한국인들의 습성이 하나 있다. 한국인은 자기가 지불하는 바를 중시하기 때문에 잘사는 환자의 경우, 가난한 환자가 지불하는 적은 치료비를 내도록 요청하기보다 그의 지위에 맞게 치료비를 부가하면, 계속해서 치료받기 위하여 병원을 다시 찾을 가능성이 높다. 이런 식으로 치료비 등급을 매기는 방식이 그것을 채택한 이래로 잘 먹히고 있다. 그리고 병원이 이 방법을 통해 장래에는 과거보다 훨씬 더 자급할 수 있게 되기를 바란다.

병원 직원. 오랫동안 와이어 박사 내외의 희생적인 사역의 결과로 병원의 사역이 증대되었고, 이로 말미암아 그 사역을 제대로 감당하려면 2명의 외국인 의사, 2명의 외국인 간호사, 1명의 약사가 절실히 충원될 필요가 있었다. 이런 이상적인 요청은 결코 응답되지 않았다. 전반적인 병원 직원의 부족으로 말미암아 직원 중에 의사를 2명 둘 수가 없었고, 상당 기간 간호사도 1명뿐이었기 때문이다. 그 결과 의사와 간호사는 전문적인 사역, 즉 의료사역에 전념하느라 전도사역에는 소홀할 수밖에 없었다. 이런 상황은 선교병원으로서 그리고 외국인 선교사로서의 우리의 모든 위상을 고발하는 셈이다. 그러나 환자들이 우리를 찾아오는 한 그들을 치료할 수밖에 없고, 심지어 그 숫자를 제한할 수도 없다. 환자들은 너무나 먼 길을 오기 때문에 그들이 우리 병원 문 앞에 도착했을 때 진찰을 받을 수 없다고 한다면, 불만을 품을 권리가 그들에겐 분명 존재한다. 전도사역은 우리의 한국인 교리교사와 전도부인들이 외래환자와 입원환자들을 대상으로 충실하게 수행하고 있다.

그러나 외국인 의사와 간호사는 아무리 그들의 언어가 어눌해도 대부분의 환자들에게 한국인 사역자들보다 더 쉽게 접근할 수 있는데, 환자들이 그들 덕분에 자신들이 치료받고 나았다는 것을 알고 있기 때문이다. 우리가 바라기는 장래에 병원 직원들을 증원하여 외국인 선교사들이 병원에서의 전도사역에 보다 더 많이 참여할 수 있도록 하는 것이다. 우리는 병원사역 초기부터 사환들(즉 우리에게 훈련받은 자로서 14세부터 30세까지의 모든 연령층에 속하는 젊은 한국인 남성)의 도움을 받았고, 또한 여성 환자를 위해서는 한국인 중년 여성들의 도움을 받아왔다. 이런 한국인 여성들의 도움은 매우 성실하나, 당연한 말이지만 지식은 그리 많지 않다. 사환들은 일을 잘하고, 병동이나 외래환자실의 정보를 신속하게 물어다주었다. 이들은 의사와 간호사에게 아주 유익한 보조원들이지만, 현재까지는 그저 우리들을 지켜보며 배운 것이 고작이다. 우리가 믿기로는 이제 그들에게 병원 보조원으로서 정식 훈련을 할 때가 되었다고 본다. 우리가 또한 바라기는 전쟁[137] 후에 즉각적으로 이제까지 여성환자 병동 건물의 운명을 지켜왔던 기존의 훈련받지 못한 여성들을 외국인 간호사 지도 하에 훈련 수습생이 될 젊은

---

137 제1차 세계대전으로 추정된다.

여성으로 대체하는 것이다. 우리는 이런 식으로 훈련된 소녀들이 반드시 전문적인 간호사가 되기를 바라는 것은 아니고, 오히려 일정 기간 우리를 도운 뒤에 결혼을 해서 기독교 가정을 꾸리고, 우리에게서 배운 위생과 간호라는 개념을 자신들의 가정과 마을에 널리 보급하기를 바란다.

병원의 일정. 병원의 일과는 오전 9시에 기도회와 더불어 시작된다. 기도회는 병원의 기독교인 전 직원, 그 가족, 걸을 수 있는 환자, 전도부인과 교리교사가 참여한다. 기도회는 병원 직원 중 한 명, 혹은 교리교사가 순서대로 담당하는데, 성경 구절 읽기와 병원 일과 및 환자를 위한 짧은 기도가 포함된다. 기도회 후에 의사와 간호사는 병동을 회진하고, 그 사이에 교리교사와 전도부인은 외래환자실에서 예배를 드린다. 외래환자를 진찰하느라 오전이 훌쩍 지나는데, 외래환자는 대개 50명에서 60명으로 그 가운데 20명에서 30명은 새로운 환자이다. 의사는 환자를 진찰하고 치료 방법을 지시하는데, 한국인 직원이 가능한 한도 내에서 치료를 담당한다. 오후에는 입원환자와 늦게 도착한 외래환자를 진찰하고 수술하는 데 보낸다. 저녁기도 후에는 때때로 환자를 더 보거나 회계나 행정상의 문제를 처리하기도 하고, 외국인 환자를 왕진한다.

그러다 7시에 저녁을 먹고, 8시 30분까지 휴식을 취하고, 다시 병동을 회진한다. 하루는 이처럼 의사나 간호사에게 일과로 꽉 차며, 특히 간호사에게는 더욱 그렇다. 간호사는 모든 병동을 돌보고, 모든 한국인 직원을 감독하기 때문에 그녀의 시간과 정력을 요구하는 이런 모든 것에 대처하려면 불굴의 인내심이 필요하다. 일요일에는 가능한 한 전문적인 사역, 즉 의료사역은 최소한으로 하며, 항상 남녀 병동 모두에서 설교를 하는 예배를 드리면서 찬송도 부른다. 여성들은 남성들보다 복음의 가르침에 더 기꺼이 반응한다. 여성들은 자신들의 가정에서 힘든 삶을 영위하고 있는데, 아마도 그 때문에 접근하기가 더 쉬운 것 같다. 그들이 우리들과 함께 머무는 동안 얼굴 표정이 달라지는 것을 지켜보는 것은 언제나 흥미롭다. 이들은 처음에는 병동에서의 예배 시간이나 아침기도와 저녁기도 시간에 일반적으로 무정하고 무관심하다. 이들을 드러내 놓고 비웃지 않는다면 말이다. 그들은 어떤 것에 대해서도 듣거나 배우기를 꺼려할 수 있다. 그러나 점차 일부는 마음을 열고 기꺼이 듣기를 시작한다. 그러다 병원을 떠날 때, 눈물을 글썽이면서 그들이 병원에서 전에는 꿈도 꾸지 못했던 것들을 얼마나 많이 배웠고, 자기들 집으로 돌아가는 것을 얼마나 두려워하는지에 대하여 고백하였다.

제물포에 있는 성 누가 병원

진천 병원의 한국인 병원 직원

진천의 애인 병원. 진천은 서울에서 80마일[138] 떨어져 있으며, 제일 가까운 기차역으로부터도 여러 시간을 가야 하는데, 선교부는 다행스럽게도 그곳에 로즈 박사(Dr. A. F. Laws)[139] 지도 하에 작지만 아주 좋은 병원을 운영하고 있다. 로즈 박사는 강화도에서 이미 여러 해 동안 매우 귀중한 개척사역을 하였으며, 이 사역은 오늘날까지 한국인들이 감사하는 마음으로 기억하고 있다. 1909년 로즈 박사는 진천에 애인(愛人)병원, 즉 사람을 사랑하는 병원을 설립하였는데, 그 이후 계속 그곳에서 사역하고 있다. 병원 건물은 한옥을 변형한 것으로, 여러 가지 면에서 시골 지역에서의 병원사역에 아주 적합하다. 병원의 수용 가능한 환자 수는 유동적이다. 환자들이 방바닥에 한국식으로 눕기 때문에 몇 명이나 누울 수 있을지는 오직 방바닥의 면적에 달려 있다.

진천은 의료사역의 아주 좋은 본부이다. 진천은 5일장[140]이 크게 서고, 이때 아주 많은 사람들이 모인다. 장날이면 의사와 직원들은 치료받고자 병원으로 오는 수많은 환자들을 보느라 이른 아침부터 저녁까지 일을 해야 한다. 남성들이 팔 물건을 가지고 장으로

---

138 약 130km, 320리.
139 한국명 노인산.
140 5일마다 서는 시골장터.

오면서 아내와 자녀들도 함께 데리고 오는데, 그들의 표현대로 하면, "어디가 아픈지 보이려고 왔다"는 것이다. 작은 무리들이 진찰을 받으려고 기다리면서 둘러앉아 있는 모습을 지켜보는 것은 흥미롭다. 동양은 흔히 "참을성 있게 기다리는 동양"이라고 회자되지만, 막상 병원의 대기실에서는 이들이 서양의 다른 인종들보다 더 참을성이 있는 것 같지 않다. 그들은 몇 분 이상 계속해서 기다리는 것을 이해하지 못하며, 만일 기회를 주면 이런저런 이야기를 늘어놓는다. 벌써 오래전부터 기다렸다는 둥, 울기만 하는 아기가 집에 있다는 둥, 다른 사람보다 먼저 진찰을 받아야만 하는 그 밖의 유사한 그럴듯한 변명들 말이다. 종종 한창 바쁜 시간 중에 가마 혹은 사람을 나르는 의자가 병원 문 앞에 도달하고, 매우 위중한 남성 혹은 여성 환자가 남자 등에 업혀 와서 수술실 바닥에 쿵하고 내려진다. 이런 환자들은 흔히 아주 먼 곳에서부터 오는데, 과연 병원에 가야 할까 말까를 결정하기 전에 이미 병은 심각하다. 그래서 도착하자마자 이들은 대개가 즉각적으로 봐주기를 요청하는데, 종종 너무 늦었다는 소리를 들을 수밖에 없을 때도 있다. 의사가 내리는 최후통첩이 무엇이든 간에 처음에는 통상 왁자지껄하기 마련이다. 환자의 친척, 병원 직원, 환자 모두가 몇 분간 동시에 큰 소리로 말을 쏟아놓는데, 그러는 가운데 결정이 내려진다. 일단

결정이 내려지면, 환자를 들여보내거나, 혹은 다시 데리고 간다.

아마도 다른 곳보다 진천 지역에 실제적인 고난과 질병이 더 많은 것 같다. 이곳은 홍수가 매우 잦은데, 그로 인해 그 고장의 상당히 넓은 지역에 걸쳐 벼 수확을 망치곤 한다. 벼는 이 사람들에게는 생명 그 자체이며, 이 세상의 모든 것을 의미한다. 그래서 흉년이면 수많은 빈민들이 병원으로 향한다. 심지어 평상시에도 기아선상에서 살아가는 사람들이 적지 않으며, 마침내 질병으로 인하여 병원을 찾게 되는데, 그 질병은 영양실조와 어쩔 수 없이 겪게 되는 모진 생활 여건으로 말미암은 것이다.

백천에서의 의료사역. 백천은 서울의 서북쪽에 있는 지역으로 우리 선교부의 새로운 지부이다. 그곳에 아주 열심인 일단의 교인들이 있다. 그들은 의사와 선교병원을 아주 간절히 원해서 1912년 주교가 의사 한 사람을 그곳으로 파송했고, 소규모의 의료사역이 시작되었다. 교인들이 적당한 집을 구하는 데 큰 힘이 되었고, 수리하는 데도 돈과 시간을 쏟았다. 이 지역에서 의료사역이 진행되는 기간 내내 교인들은 그 사역의 발전과 성공에 대하여 각별한 관심을 기울였다.

건물과 시설은 아주 간단한 것들이었다. 평범하고 조그만 한옥

진천 병원 입원환자들

을 구해 벽을 몇 개 허물고, 새로운 벽을 여기저기에 세우고, 선반을 다는 등 몇 가지 손을 보아 병원 용도로 개조했다. 가장 큰 방은 외과진찰실, 수술실 및 대기실로 쓰였고, 다른 방들은 입원환자용으로 사용했는데, 입원환자는 10명쯤 되었다. 병원 건물이 한옥인지라 배수나 기타 위생시설이 전혀 없었다. 보다 가난한 계층의 대부분의 한옥이 그렇듯이 이 집도 목조부[141] 안에 다른 벌레를 먹는 해충이 상당히 존재했다. 이 해충들은 너무나 깊숙이 박혀 있어서 등유나 끓는 물 같은 사소한 조치로는 끄떡도 안 하며, 더운 날씨가 되면 우리 환자들을 줄곧 괴롭혔다.

개척사역에 흔히 따르게 마련인 이러한 어려움들과 그 밖의 다른 여러 어려움들에도 불구하고 이 작은 병원은 매우 성공적이었고, 한국인과 더불어 곧 정착되었다. 사역을 시작한 후 처음 4개월 동안 2천 명이 넘는 새로운 환자를 병원에서 진찰했고, 6개월 동안 약 4백 번가량 왕진을 하였다. 환자들의 대다수는 이방인이었고, 교리교사와 몇몇 교인들이 그들에게 기독교 신앙의 기본적인 요소를 가르치기 위하여 최선을 다했다. 이 사역은 미래가 밝았고, 급속하게 자라나서 처음 시작했던 병원 건물의 수용 능력을 초과

141 가옥 내부에 나무로 만들어진 부분, 가령 문짝 등.

하게 되었지만, 예산과 의사 부족으로 인하여 1913년 폐쇄되고 말
았다.

영국 기독교를 접할 수 있는 귀한 기회

-안교성

I.

본서는 1917년 발간되었으며, 영국성공회가 선교를 시작한 1890년부터 1917년까지의 역사를 잘 소개할 뿐 아니라, 특히 1910년대의 상황을 소상하게 알려주고 있다. 따라서 당대의 선교부와 교회의 사정을 이해하는 데 요긴한 자료라고 할 수 있다. 본서는 총 5장으로 되어 있으며 5명의 저자가 서술하고 있다.[142] 편집자는 미상이며, 트롤로프 주교로 추정된다.

한편 트롤로프 주교는 『한국의 교회』라는 책을 1915년 발간하

---

142 허지스 신부가 1, 2장을 기술한 반면, 맥도날드 양과 번 양이 함께 3장을 기술하였다.

였다.[143] 코르프 주교가 본서의 서문에서도 밝혔듯이『한국의 교회』와 본서는 마치 자매편처럼 되어 있어서 서로의 내용을 보완하고 있다. 따라서 두 권을 함께 읽는다면 더욱 좋은 결과를 낳을 것이다.[144]

본서는 사료적 중요성에도 불구하고 그동안 한국 학계에서 사용된 바 없는 것으로 여겨지며,[145] 사료에 대한 접근 또한 용이하지 않았다. 따라서 이번 번역 출간은 한국 교회사와 한국 역사에 있어서 매우 의미 있는 일이라고 할 수 있고, 차후에 많은 학자들이 이용할 것으로 기대된다.

대한성공회는 오랜 역사에도 불구하고 잘 알려지지 않은 교회이다. 따라서 본서를 설명하기에 앞서 대한성공회의 특징에 대하여 간략하게 소개하고자 한다.

---

143 M. N. Trollope, *The Church in Corea*, London; Milwaukee, USA: A. R. Mowbray & Co. Ltd.; The Young Churchman Co. 1915.

144 본서는 해당 선교부의 사역을 5가지 분야에서 집중적으로 다루고 있다. 한편,『한국의 교회』의 내용은 4부로 되어 있는데, 그중에서 2부와 3부가 해당 선교부의 과거와 현재 상황을 다루고 있다. 2부와 3부의 내용은 본서와 중복되는 부분도 있고, 그렇지 않은 부분도 있어서 함께 비교 검토할 필요가 있다.『한국의 교회』나머지 부분 가운데 1부는 한국에 대한 일반적인 개관이며, 4부는 한국 내 여타 선교부에 대한 소개이다.

145 대한성공회의 표준적인 역사라고 할 수 있는 이재정의『대한성공회백년사』(서울: 대한성공회출판부, 1990)도 본서를 참고하지 않고 있다. 성공회대학교 도서관 사료실에 본서가 있으나 아직 등재되지 않았다.

II.

대한성공회는 영국성공회의 선교를 통하여 설립되었다.[146] 영국성공회는 한국 선교를 위하여 중국에서 사역하던 코르프 신부를 1889년 주교로 승품하였고, 코르프 주교는 트롤로프 사제 등을 대동하고 1890년 한국에 입국하였다. 그런데 영국성공회가 한국 선교를 본격적으로 시작하기 전에 이미 한국의 이웃나라인 중국 및 일본에서 사역하던 영국성공회 선교사들이 한국 선교에 관심을 가졌고, 소규모로 사역을 시도한 적이 있다. 이러한 사전의 노력들이 영국성공회의 한국 선교를 촉발한 것도 사실이다. 여하튼 영국성공회가 한국 선교를 시작할 때, 영국성공회 내의 다양한 선교회 가운데 해외복음전도협회가 사역을 담당하게 되었다.[147] 그러나 이재정은 중국, 일본과 달리 한국의 경우 해외복음전도협회가 단독으로 선교를 담당했지만, 소극적인 자세로 임했다고 비판하고 있다.[148] 선교회의 이런 소극적인 자세는 영국성공회 재한선교부의 사역이 활성화되지 못했고, 대한성공회의 발전이 미진하였다

---

146 대한성공회는 그 명칭이 계속 변해왔는데, 대한종고성교회에서 대한성공회로, 일제 하에서는 조선성공회로, 해방 후 다시 대한성공회로 이어졌다.
147 이재정 『대한성공회백년사』, 30쪽.
148 위의 책.

는 역사적 사실을 일부 설명해준다고 평가할 수 있다.

이 선교회는 1701년 영국의 식민지인 북미의 식민자들의 종교 진흥을 위하여 설립된 선교회로 1702년에는 북미, 1703년에는 서인도제도에서 선교를 시작하였다. 이후 선교지를 확장하여 1820년에는 인도, 1821년에는 남아프리카에서 선교를 시작하였다. 다시 선교지를 대영제국을 벗어나 세계로 확장하여 1863년에는 중국, 1873년에는 일본에서 선교를 시작하였고, 이후 여러 나라로 선교지가 확장되었다.[149]

이 선교회는 1965년에는 대학중앙아프리카선교회와 합병하여 연합(해외)복음전도협회가 되었고, 이어서 1968년에는 케임브리지델리선교회가 일원이 되었다.

이 선교회는 신학적으로 영국성공회의 고교회파에 속하였다.[150] 당시 영국성공회 가운데는 교회의 가톨릭성을 강조하는 분파가 있었는데, 이것을 앵글로-가톨릭시즘이라고 불렀다.[151] 이들은 가

---

149 한국선교가 중국선교 및 일본선교와 밀접한 관계가 있다는 점에서 지역 연구가 필요하다. 이런 현상은 비단 성공회뿐 아니라 여러 교파의 경우에도 동일하다. 그러나 아직까지는 이런 광범위한 연구가 미흡한 것이 현실이다.

150 영국성공회는 다양한 신학적 입장을 수용하고 있는데, 그것은 크게 고교회파, 저교회파, 광교회파로 분류되었으며, 오늘날은 이것을 가톨릭적, 복음주의적, 자유주의적이란 용어로 분류하기도 한다.

151 대표적인 것으로 뉴먼(John Henry Newman, 후에 가톨릭교회의 추기경)이 주도한 옥스퍼드 운동이 있다.

톨릭적 전통을 중시함에 따라 사도적 전승, 전례 등을 강조하였고, 독신생활을 택하는 성직자들이 많았다. 실제로 한국에 온 선교사 가운데 초기에는 주교나 사제가 대개 독신이었다.[152] 이런 신학적 성향에 따라 영국성공회 재한선교부는 한국선교 초기에 개신교회보다는 가톨릭과 가까운 입장을 취하였다. 실제로 제3대 주교인 트롤로프 주교는 교황 비오 11세(Pius XI)의 선교 정책을 지지하는 논문을 발표하여 교황을 알현하는 최초의 영국성공회 주교가 되기도 하였다.[153]

영국성공회의 한국선교는 여러 가지 특징을 나타낸다. 첫째, 영국성공회가 주도했지만, 영국뿐 아니라 캐나다, 미국, 뉴질랜드 등의 선교사가 함께 선교하였다. 따라서 전반적으로 영국이라는 특정한 지역적 배경을 가졌지만, 동시에 다양한 요소가 개입되었다. 특히 영국성공회는 선교사 인사 이동을 통하여 다양한 배경을 가진 선교사들이 한국에서 사역하게 되었고, 그런 배경에서 나온 경험이 한국의 사역에도 반영되었다.

---

152 가령 토레이(Reuben Archer Torrey, 한국명 대천덕) 신부에 의하면, 자신이 신학교를 위하여 사역할 당시 "유일하게 결혼한 선교사"라고 증언하고 있다. 대천덕 "고향에 왔습니다", 대한성공회출판부편, 『선교백년의 증언』, 서울: 대한성공회출판부, 1990, 68~72; 인용은 69쪽.
153 M. N. Trollope, "Pope Pius XI and Foreign Missions", *The East and the West* 25(1927): 1~20.

둘째, 영국 본국의 선교 역사가 한국선교에 반영되었다. 영국은 수도원을 중심으로 선교 영성을 키우고, 그것이 넘쳐날 때 선교하는 방식을 택하였다. 대표적인 수도원이 아이오나(Iona) 섬의 수도원과 홀리 아일랜드(Holy Island) 섬의 수도원이다. 바로 이런 관점에서 영국성공회 재한선교부는 강화섬을 택하였다. 그리고 강화로부터 점차 지역을 확장해 나아가는 방식을 택하였다. 따라서 한국에서 사역하던 다른 선교부들, 특히 장로교와 감리교 선교부가 전국을 대상으로 하면서도 선교예양(comity)[154]에 의하여 지역 분할을 하였던 것과는 달리, 선택과 집중이라는 선교 정책을 채택하였다. 그 결과 교회 발전에 있어서 지역적인 편중 현상을 보였다.

셋째, 둘째와 연관된 것으로 영국성공회 재한선교부는 수도원적인 전통을 중시하였다. 비록 그 영향이 크게 발휘되지 못했지만, 해방 이후 토레이 신부가 평신도사역의 일환으로 수도원사역을 시도하고자 예수원을 설립함으로써 이 분야에서 한국교회 전반에 큰 영향을 미쳤다.

넷째, 영국성공회 재한선교부는 성공회가 지향하는 보편성과

---

154 선교예양이란 선교지의 신속한 복음화를 위하여 선교부들 간에 지역을 분할하여 중복을 피하는 협정을 맺는 것을 말한다. 긍정적으로는 제한된 차원에서의 연합사역이라고 볼 수 있지만, 부정적으로는 교파주의의 한계를 벗어나지 못한 것으로 평가된다.

아울러 한국의 특수성을 강조하였다. 그것이 선교 초기부터 교회 건축 등의 토착화 현상으로 나타났다. 또한 토착교회 지도력, 곧 현지인(한국인) 성직자 교육 및 교회 발전에도 진력하였고, 그 일환으로 1914년 신학교인 성 미가엘 신학교(현 성공회대학교의 전신)를 설립하고, 이듬해인 1915년에는 김희준(김마가)이 최초의 한국인 사제로 서품을 받았다. 그러나 성공회는 교회 체제가 감독제도이기에 주교(감독)가 현지인(한국인)으로 임명되어야 비로소 교회의 진정한 독립이 이뤄지는데, 그러한 토착교회 지도력의 확립은 1965년 이천환(이바우로) 주교가 한국인 최초의 주교가 됨으로써 이뤄졌다. 1990년에는 선교 1백주년을 맞이했고, 1993년에는 독립관구로 승격하여 명실공히 민족교회의 위상을 갖추게 되었다. 뿐만 아니라 20세기 후반에는 문화적 토착화, 기구적 토착화뿐 아니라 정치·사회적 토착화를 추구하여 한국사회의 민주화에 기여하였다.

다섯째, 위에서도 언급하였듯이 선교 초기에는 교회일치 운동에 다소 소극적이었다. 그러나 해방 후 데일리(John Daly, 한국명 김요한) 주교가 부임하면서 대한성공회는 한국기독교교회협의회의 회원이 되었고, 오늘날에도 교회일치 운동에 적극적으로 참여하고 있다.

III.

이제는 본서의 내용을 간단히 살펴보고자 한다. 본서는 다섯 가지 주제를 다루고 있다.

제1장은 전도사역을 다루고 있다. 전도사역은 선교사역의 우선적인 사역이다. 전도가 이뤄져야 신자가 생기고, 신자가 생겨야 교회가 세워지기 때문이다. 본장을 저술한 사람은 신학교 사역에 헌신한 허지스 신부이다. 그는 신학교 사역을 위하여 1911년 한국에 입국하였다.[155] 따라서 제1장에서는 선교 초기라고 할 수 있는 1890년부터 1910년까지의 이야기가 상세하게 나오지는 않는다. 그것에 대해서 알려면, 오히려 트롤로프 주교가 저술한 『한국의 교회』의 제2장을 보는 것이 더 도움이 될 것이다. 그러나 허지스 신부는 여기서 전도사역에 관련된 중요한 내용들을 소개하고 있다. 즉, 선교사가 전혀 기독교적인 배경이 없는 비기독교 국가에서 전도사역을 할 때, 어떤 일이 벌어지는가를 알려주고 있다. 특히 본서가 저술된 1910년대에는 교회가 어느 정도 정착이 되어서 개척전도나 개인전도보다는 이미 설립된 교회를 순회하면서 돌보

155 그는 1924년 결혼을 하고 일본성공회에서 활동하기 위하여 한국을 떠났다.

는 순회사역이 중요한데, 당시 사제들이 이 순회사역을 어떻게 했는가에 대해서 중점적으로 설명해주고 있다. 이것을 통하여 사제가 순회사역을 어떻게 계획하고 준비하고 실행하였는지 눈에 보이듯이 묘사하고 있다. 물론 이런 과정에서 새로운 신앙공동체가 탄생하기도 하는데, 이것에 대해서도 간략히 다루고 있다. 이와 아울러 두 가지 면을 더 소개하고 있다. 한 가지는 교회가 교회절기 가운데 가장 중요한 성탄절을 어떻게 지켰는지 소개함으로써 1910년대 당시 한국 교회의 전례(예배) 상황에 대한 소중한 정보를 제공하고 있다. 또 한 가지는 전도사역의 대상인 한국인들을 둘러싼 문화적 배경에 대하여 설명하면서 미신, 축귀(逐鬼), 장례 등을 다루고 있다. 마지막으로는 순회사역의 예외적인 사역이라고 할 수 있는 한국 내 서구 기독교인을 위한 사역도 소개하는데, 간략하지만 새로운 정보를 제공하고 있다.

제2장은 역시 허지스 신부가 저술하였다. 허지스 신부의 전문 분야가 신학교, 즉 토착인(현지인) 교회 지도자 양성이고, 신학교 설립부터 관여한 선교사이기 때문에 그는 이 분야에 대하여 저술할 적임자라고 할 수 있다. 아마도 이 부분은 한국 교회의 한국인 교회 지도자 양성, 특히 신학교 사역과 관련하여 교파를 막론하고 가장 소상한 정보를 제공하는 사료 가운데 하나라고 할 수 있다.

따라서 이 분야에 관심이 있는 사람은 정독하기를 권한다. 본장은 먼저 1890년부터 저술 당시에 이르기까지 대한성공회의 역사를 세 부분으로 나눠 간략하게 정리하고 있다. 이 구분은 주교의 재임 기간에 근거하고 있다. 초대 코르프 주교 때(1890~1905)가 개척기라면, 2대 터너(Arthur Beresford Turner, 한국명 단아덕) 주교 때(1905~1910)는 성장기였고, 3대 트롤로프 주교 때(1910~당시)는 정비기라고 할 수 있다. 따라서 이러한 정비기에 신학교를 세우고, 한국인 성직자를 세우는 일은 시기적절한 일이라고 할 수 있다. 여기에서는 신학교에 대하여 다방면에 걸쳐 상세하게 소개되고 있다. 먼저 신학교 설립과 관련하여 설립 목적, 학생모집 방법, 신학교 장소 선정, 신학교 건축, 운영자금 등이 잘 소개되어 있다. 또한 교수와 학생 간에 일어나는 교육에 대해서는 교수 방법, 교과 내용, 학생의 학습 능력 등의 문제가 소상하게 기술되어 있다. 뿐만 아니라 영적 지도자가 될 신학생들의 영적 훈련과 그들의 영적 체험에 대해서도 잘 소개하고 있다. 특히 마지막 부분에 신학생 교육과 관련하여 주요 사항들을 요약하였는데, 이러한 정보는 당시 선교사들의 신학교육 정책을 들여다보는 데도 도움이 될 뿐 아니라, 오늘날 세계 선교에 참여하고 있는 한국 교회가 참고할 점이 많다. 또한 신학생을 질적으로 수준 높게 가르치고자 하는 열망도 엿보이는 동시에, 자립 및 성직자 수급 문제를 감안하여 명망 있는 교인을 명예사제로 만들어야 하는 현실적 고려 등이 나타나는 등 당대 교회의 고민을 엿볼 수 있다.

제3장은 여성과 소녀사역에 관한 내용을 다루고 있다. 최근 들어 사회 전반에서 여성에 대한 관심이 고조되고 있다. 교회 역시 예외가 아니다. 그러나 막상 여성에 관한 연구를 하고자 할 때, 사료의 부족을 절감하게 된다. 그런 점에서 이 부분은 한국 교회의 여성에 관한 귀중한 정보를 제공하고 있다. 비록 대한성공회에 국한된 이야기이지만, 당시 토착교회 현장에서는 교파 간에 큰 차이가 없으리라고 추정되며, 설사 교파 간에 큰 차이가 있다고 하더라도 비교 연구를 할 수 있는 계기를 마련해준다. 당시 여성과 관련하여 사역이 어떻게 시작되고 발전하고 나아가 다변화, 전문화되었는지에 대하여 소개하고 있다. 특히 고아원, 여학생 기숙사, 과부와 젊은 여성을 위한 시설, 여성 교리교사 훈련 과정, 여성 성직자에 의한 사역 등이 소개되고 있다. 좀더 구체적으로 말하자면, 당시 버림받은 여성이 어떻게 성장하고 교육받으며, 나아가 사회의 일원으로 편입되는지에 대하여 소개하고 있다. 또한 사회 변화에 의하여 새로운 사회 지도층으로 부상하는, 고등교육을 받는 기독교 여성들을 위하여 어떻게 기숙학사를 운영하는지도 소개하고 있다. 특히

오늘날의 여성쉼터와 같은 시설을 운영하고, 이것이 나중에 수녀원 설립으로까지 연결되는 가능성을 소개하고 있다. 또한 여성이 어떻게 여성을 위한 교회사역을 할 수 있게 되었는지, 그런 사역을 위하여 어떻게 교육받았는지, 여성 성직자들이 이 일에 얼마나 열정을 갖고 임했는지, 그들이 구체적으로 어떻게 사역했는지, 또한 이 분야에 있어서 같은 여성인 서구 여성 선교사들과 한국인 여성 교회 지도자들이 어떻게 협력하고 동역했는지를 잘 소개하고 있다.

제4장은 정보 차원에서 특히 중요하다. 이제까지 한국에서는 재한일본인사역에 대한 연구가 부족할 뿐 아니라 사료도 흔치 않다. 그런 점에서 재한일본인사역을 소개하는 이 부분은 여러 가지 면에서 한국 교회사 연구에 도움이 될 것이다. 특히 영국성공회 재한선교부는 한국에서 사역했던 다른 선교부와는 달리 초기부터 한국인, 일본인, 중국인 등 다양한 나라의 사람들을 교회의 회중으로 생각하여 이들을 위한 사역을 하였다.[156] 물론 소수이기는 하지만 한국 내 서양인들도 그들의 목회 대상에 포함시켰다.[157] 그리

---

156 물론 다른 교파 선교부들도 일본인, 중국인에 대한 선교적 관심을 보였다.
157 본서에는 나오지 않지만 트롤로프 주교의 『한국의 교회』 34~35쪽을 보면, 영국성공회 재한선교부가 사역을 시작할 때 만주의 신경(Shing King) 지방이 관할지역이 되었는데, 그곳을 담당하는 교구가 없는데다가 그곳에 적지않은 영국인 및 유럽인들이 거주하고 있었기 때문이다. 따라서 영국성공회 재한선교부는 다른 교파 선교부와 좀더 다른 선교 및 목회적 관점을 가지고 있었다고 볼 수 있다. 본서 제1장의 마지막 부분을 참고할 것.

고 이를 위하여 인근지역의 교구와 긴밀한 협력관계를 유지하였
다. 영국성공회 재한선교부가 입국하기 전에 중국과 일본에서 사
역하던 선교사들이 한국선교에 관심을 가지고 일했던 것처럼, 영
국성공회 재한선교부가 입국한 후에도, 특히 일본인사역을 위하
여 일본성공회가 지속적으로 협력하였다.[158] 당시 영국성공회는 이
러한 사역의 협력뿐 아니라, 한국 내의 일본인을 대하는 시각도 다
른 선교부들에 비하여 좀더 전향적이었다. 즉, 본서의 전반적인 분
위기가 일본 제국주의 정부를 인정하고, 그런 현실을 수긍하는 입
장을 보이고 있다. 이를테면 일본이 한국의 발전에 기여하고 있다
고 인정하는 태도, 한국인이 일본어를 전반적으로 습득하게 될 것
이라는 예상, 장기적으로 한국인과 일본인이 신학교육이나 예배를
같이 드리게 될 것이라는 예측 등에서 그런 태도가 구체적으로 나
타난다. 이러한 태도는 영국이 일본과 마찬가지로 제국주의 국가
라는 사실과 무관하지 않은 동시에, 기독교가 민족주의적 성격뿐
아니라 국제주의적 성격을 지닌 종교라는 사실과도 연결되어 있
다. 여하튼 제4장은 그동안 한국 역사나 한국 교회사에서 강하게

---

158 이와 유사하면서도 대조되는 사역의 예로는 한국의 캐나다 장로교선교부가 재일한국인
　　사역을 한 것이다. 특히 캐나다에서 장로교, 감리교, 회중교회 등이 캐나다 연합교회로 합
　　쳐진 뒤 일부 선교사가 캐나다 장로교회에 계속 남기로 하고, 사역지를 옮겨 일본에 가서
　　재일한국인사역을 하였다.

나타나는 민족주의적 성향으로 인하여 거의 관심을 갖지 못한 재한일본인사역에 대하여 상세한 정보를 제공하고 있다. 이것은 그 자체로도 계속 연구되어야 할 뿐만 아니라, 오늘날 한국 사회가 급속도로 다문화 사회가 되어가는 현실에서 새로운 시각으로 재해석되어야 할 필요가 있는 부분이다. 특히 일본인이 한국에 이민자로 와서 어떻게 신앙을 유지했는가 하는 문제는 오늘날 한국 교회사 연구에 시사하는 바가 크다.

마지막 제5장은 의료사역에 관한 부분이다. 의료사역 역시 한국 교회사에서 연구가 미진한 부분이다. 그동안 한국의 교회사나 선교 역사 연구는 대부분 복음전도사역이나 교회 및 선교부의 기구적 발전에 대하여 집중적으로 관심을 쏟는 경향이 있었다. 이에 대하여 기관사역, 가령 교육선교나 의료선교 연구는 상대적으로 미약하였다. 특히 의료선교의 경우에는 그 정도가 더 심하였다. 영국성공회 재한선교부는 처음부터 교육선교 자체는 강조하지 않았으며, 의료선교도 제한적으로 진행하였다. 이것은 영국성공회 재한선교부가 예산 및 인원 등에서 만성적인 부족 현상에 시달린 것과도 무관하지 않다. 여하튼 비록 의료선교가 활발하지는 않았지만, 제5장은 당시 의료선교 현장에서 어떤 일이 벌어졌는지를 소상하게 묘사하고 있다. 먼저, 의료선교는 자선행위인 동시에 동서양 간의 문명이 충돌하는 현장이기도 했다. 서양 의술이 한국인들에게 일반적으로 수용되기 전까지 의료선교사들은 크나큰 저항과 오해에 직면해야 했다. 그것은 특히 한국의 전래 의학인 한의학과의 갈등과 한국인의 불신으로 나타났다. 세월이 흘러 일본 병원이 증가하자 기술적인 면에서는 선교병원과 일본 병원이 유사한 면을 보였으나 선교병원이 한국의 민중들에게 무료 또는 저렴한 가격의 의료 서비스를 제공하려고 노력하는 모습에서 차이를 나타내기도 하였다. 뿐만 아니라 의료선교 현장을 묘사하는 가운데 영국성공회 의료선교사들의 독특한 시각도 엿볼 수 있다. 특히 의료진들이 한국인의 습성을 이해하여 서구적 시각에서 잣대를 들이대면서 자신들의 입장을 고수하기보다 한국인 위주의, 오늘날로 말하면 소비자 위주의 입장을 취한 측면은 주목할 만하다. 예를 들어 한국인들이 침대 시트를 사용하려고 하지 않자 그것을 용인한 것, 또한 한국인들이 담배 피우는 것을 즐기자 그것을 용인하면서 병원의 원칙은 첫째 환자를 행복하게 하고, 둘째 환자를 낫게 하며, 마지막으로 환자들이 청결하고 위생적이 되도록 노력한다는 입장을 취한 것 등은 오늘날 재음미할 만한 부분이라고 할 수 있다. 이런 여유로운 태도는 당시 다른 선교부들의 금주, 금연정책 등으로 나타나는 엄숙주의와는 비교가 된다.

IV.

　이상에서 영국성공회 재한선교부와 그 사역에 대하여 간단하게 소개했다. 특히 본서의 내용을 각 장별로 일별했다. 이제 구체적인 내용을 즐기는 것은 독자의 몫이다. 한국 교회에는 미국 기독교의 영향이 큰데, 본서를 읽는 가운데 한국 교회사의 한 부분을 차지하면서도 그동안 잘 알려지지 않았던 영국 기독교의 면모를 접하는 귀한 기회를 가지게 될 것이다. 본서는 딱딱한 전문서적은 아니지만, 중수필처럼 구체적인 사실을 제시하고 묘사하면서도 중요한 시각을 제공하는 매우 매력적인 책이라 독자의 일독을 권한다.

모든 일은 남의 도움을 받는 일이기도 하다. 이 책을 번역하면서도, 여러 분의 도움에 대하여 깨닫기도 하였고, 받기도 하였다. 먼저, 이 책을 번역하는 과정에서 이 책에 나타난 영국성공회 선교사들과 그들의 동역자였던 한국성공회 교인들의 수고를 기억하게 되었다. 그들의 피땀 어린 노력을 통하여 대한성공회라는 교회가 이 땅에 존재하게 된 것이다. 역자도 몽골이 개방된 후 9년 남짓 선교사로 사역한 바 있어서, 남다른 감회 가운데 이 책을 읽고 번역하였다. 특히 선교사는 이방인도 토박이도 아닌 중간자의 위치를 지니게 되며, 아마도 편견을 극복할 수는 없겠지만 그래도 현지인을 가장 따뜻한 시각으로 보고 이해하려는 외국인 가운데 하나일 것이다. 그런 시각이 이 책에도 나타나고 있다.

　이 책은 5명의 필자가 서술하였다. 이들의 약력을 보면, 다양한 면이 드러난다. 약력이 상세하게 알려지기도 하고, 그렇지 않기도 하였다. 한국에 오래 머물기도 하고, 잠시 머물기도 하였다. 한국뿐 아니라 여러 나라에서 계속 선교하기도 하고, 한국을 떠난 뒤 행적이 알려지지 않기도 하였다. 특히 여성들은 그 약력이 잘 알려지지 않았다. 그러나 그렇다고 해서 그들의 노력이 남성 특히 남성 목회자에 비하여 모자란 것은 아닐 것이다. 어쩌면 이런 무명의 혹은 단기간의 사역들이기에 더욱 소중하고 애틋하다. 이런 점에서 역사에도 어쩔 수 없이 나타나는 불공평을 다시 확인하게 된다. 그래서 장차 천국에서 모든 것이 드러나기를 기다리게 되는지도 모른다.

　또한 역자는 번역 과정에서 대한성공회 소속 여러 분들에게 신세를 졌다. 그 이유는 무엇보다도 필자가 성공회 교인이 아니기 때문이다. 다른 교파의 교회의 소중한 역사를 번역하면서 행여 실수라도 할까 늘 조심스런 마음이었다. 번역 원고를 꼼꼼하게 읽고 조언해주신 부산성공회 선원선교회의 노시몬(철래) 신부님, 출판 직전에 필자들의 약력에 대하여 소상하게 도움을 주신 성공회대학교 이정구 교수님께 큰 신세를 졌다. 또한 이런 책을 번역하여 출

간할 수 있는 기회를 주신 한국문학번역원과 살림출판사에 감사
드린다.

　역자는 대한성공회가 한국에서 작은 교회임에 틀림없지만, 매력
적인 교회로 생각하고, 한국 사회에 미친 공헌에 대해서도 늘 기억
하고 있다. 이 책이 이런 대한성공회를 많은 분들에게 소개할 수
있는 기회가 되기를 바란다.

영국성공회 선교사의 눈에 비친

한국인의 신앙과 풍속

펴낸날 **초판 1쇄 2011년 5월 20일**

지은이 **세실 허지스 외**
옮긴이 **안교성**
펴낸이 **심만수**
펴낸곳 **㈜살림출판사**
출판등록 **1989년 11월 1일 제9-210호**

경기도 파주시 교하읍 문발리 파주출판도시 522-1
전화 **031)955-1350**   팩스 **031)955-1355**
기획·편집 **031)955-1388**
http://www.sallimbooks.com
book@sallimbooks.com

ISBN   978-89-522-1572-7   03910
       978-89-522-0855-2   (세트)

※ 값은 뒤표지에 있습니다.
※ 잘못 만들어진 책은 구입하신 서점에서 바꾸어 드립니다.

책임편집 **김대환**